Alison James

ZENDAYA

Biografía no autorizada

Alison James

ZENDAYA

Biografía no autorizada

Traducción de Cristina Riera Carro

Rocaeditorial •

El papel utilizado para la impresión de este libro ha sido fabricado a partir de madera
procedente de bosques y plantaciones gestionadas con los más altos estándares ambientales,
garantizando una explotación de los recursos sostenible con el medio ambiente y beneficiosa para las personas.

Zendaya: Biografía no autorizada

Título original: *Zendaya: The Unauthorized Biography*

Primera edición en España: febrero, 2024
Primera edición en México: mayo, 2024

D. R. © 2023, Michael O'Mara Books Limited

D. R. © 2024, de esta edición:
Roca Editorial de Libros, S. L. U.
Travessera de Gràcia, 47-49, 08021, Barcelona

D. R. © 2024, derechos de edición mundiales en lengua castellana:
Penguin Random House Grupo Editorial, S. A. de C. V.
Blvd. Miguel de Cervantes Saavedra núm. 301, 1er piso,
colonia Granada, alcaldía Miguel Hidalgo, C. P. 11520,
Ciudad de México

penguinlibros.com

D. R. © 2024, Cristina Riera Carro, por la traducción

ISBN: 978-841-974-327-5

Impreso en México – *Printed in Mexico*

Para Charlie, Olivia y Florence

ÍNDICE

INTRODUCCIÓN

En cada generación nace una estrella que resplandece con tanta intensidad que sobrepasa a todas las demás que brillan en el firmamento. Zendaya es una de estas supernovas. Es tan especial que es como si perteneciera a otro mundo, a otro sistema solar, o directamente a otra galaxia, una en la que sus seres celestiales son bendecidos con múltiples dones y gran belleza. Si Zendaya hubiera demostrado un único talento, habría llegado a la cima de todas formas, porque parece que no hay nada que esta chica nacida en California no sea capaz de hacer. Su capacidad de interpretación le ha hecho ganar incontables premios, incluidos algunos de gran prestigio: dos Emmy y un Globo de Oro; su álbum debut llegó a disco de platino y cuando baila es imposible dejar de mirarla. Y eso no es todo, en cuanto a moda se refiere, Zendaya no tiene ningún miedo. Si se pone una tela de arpillera sin forma, es probable que se convierta en la nueva tendencia. Hace suya cualquier alfombra roja que pisa: es la reina de las alfombras rojas, impera con sus vestidos de diseño exquisitos que exhibe con estilo, garbo y desenvoltura, como si hubiera nacido para llevarlos.

Y, sin embargo, nada podría alejarse más de la realidad. Zendaya Maree Stoermer Coleman no nació en el seno de una familia privilegiada ni rica. Es la única hija de la unión entre un hombre afroamericano y una mujer californiana de raíces escocesas y alemanas. Los dos eran profesores que se esforzaban mucho para ganarse el sueldo. No pudieron colmarla de riquezas materiales, pero lo que le ofrecieron fue mucho más valioso. Le inculcaron una gran confianza en sí misma, una sólida autoestima y la habilidad de quererse a sí misma, aunque no de forma narcisista ni autoobsesiva, además de apoyar su talento. También le enseñaron a ser humilde, a tener los pies en la tierra, a trabajar de forma concienzuda, con gratitud, y a tener la valentía para alzar la voz por aquello que ella crea que es lo correcto.

Como hija de una pareja interracial, Zendaya ha vivido de primera mano el racismo sistémico. Sin embargo, estaba decidida a abrirse puertas para poder brillar tanto como debía, y, una vez las abrió, ha mostrado la misma determinación por mantenerlas así para quienes vienen después de ella. Defiende esta iniciativa con vehemencia, así como su carrera, que, en efecto, empezó en cuanto tuvo un momento de iluminación siendo pequeña. Sus neuronas chispeaban de placer mientras se pasaba horas observando a los actores que ensayaban en el teatro shakespeariano donde su madre, Claire, trabajaba. Se avivaban asimismo cuando miraba a Miley Cyrus interpretando a Hannah Montana en televisión. Zendaya se moría por ser Hannah, tanto que a menudo se echaba a llorar mientras veía su serie favorita. Pero ¿podía? ¿Podía una niña de etnia interracial como ella llegar a ser una actriz de éxito? Gracias a su talento, trabajo duro, dedicación y una determinación impropia de su edad, ella misma lo hizo posible. No obstante, también tuvo que hacer sacrificios personales y vivir lejos de su querida madre mientras ella y su padre, por sugerencia de la propia Zendaya, se mudaban al sur, a Hollywood, para cumplir su sueño. Solo tenía trece años cuando consiguió el papel de Rocky Blue en la serie de Disney Channel *Shake It Up*. Así fue como cumplió su sueño y, en los años siguientes, se dedicó a hacer muchos más realidad, y no solo los suyos. Zendaya demostró tener muy presentes a sus fans, a sus seguidores y a las niñas pequeñas y, con solo diecisiete años, se negó a formar parte de un segundo proyecto televisivo de Disney a menos que se llevaran a cabo mejoras significativas. El hecho de que en la serie apareciera una familia de color era una condición innegociable. Los productores no tuvieron otro remedio que ceder: de haberse negado, la habrían perdido. A pesar de su éxito, Zendaya tuvo que responder a un comentario racista sobre sus rastas durante la ceremonia de los Oscar. Con solo dieciocho años, respondió con tanta elegancia, madurez y sensatez que Estados Unidos —y el mundo entero— prestó atención y tomó nota. Esta chica es especial. Muy especial.

Con una inteligencia y una sabiduría superiores a lo que uno esperaría a su edad, acompañadas de un sentido de la moda único y de la ingeniosa colaboración con Law Roach, el diseñador de imagen, Zendaya hizo la transición de niña Disney a estrella del cine con mucho estilo y gracia, y lo hizo sin perder su integridad ni su sentido de la justicia social. Con una cabeza tan sabia sobre los hombros, la madurez de Zendaya y su forma de ver el mundo dejan estupefacto a cualquiera que la conoce. La flor y nata de las industrias cinematográfica, televisiva y de la moda está fascinada con su talento, su descaro encantador, su valentía para aceptar nuevos proyectos y su estilo sin parangón. A su vez alaban su humildad y su falta de ego de diva: para nada es de las que saltan con un «Pero ¿tú tienes idea de quién soy?». Zendaya es, en el fondo, una mujer común y corriente, que defiende a los suyos. Nunca ha olvidado sus raíces y nunca lo hará. Estas cualidades son, tal vez, la razón por la que mucha gente la considera una inspiración y un modelo a seguir. En el último recuento, sus seguidores de Instagram ascendían a los 165 millones, más de la mitad de la población de Estados Unidos, y la cifra sigue aumentando. Zendaya es muy consciente de la enorme responsabilidad que conlleva esta plataforma y la usa en consecuencia. Poco sorprende, entonces, que en 2022 apareciera en la lista de la revista *TIME* de las cien personas más influyentes del planeta. Además, conforma una de las parejas más famosas del mundo. Su relación con Tom Holland, con quien coprotagoniza *Spider-Man*, puso internet patas arriba cuando, tras años de especulaciones, por fin se hizo pública en el verano de 2021. Tomdaya, como se les conoce, suele encabezar las listas de las parejas más adorables de Hollywood.

Es increíble pensar que Zendaya solo tiene veintitantos años, y que su mejor momento todavía está por llegar. Es tentador elucubrar y predecir cómo será su futuro, pero por ahora no te adelantes. Primero deja que este libro te lleve a los inicios del extraordinario periplo de Zendaya, a cómo esa tímida jovencita se convirtió en la estrella más brillante del firmamento.

1

Soñando despierta

> Yo era ese bicho raro al que, con ocho años,
> le gustaba Shakespeare, lo entendía y disfru-
> taba con ese lenguaje.
>
> **Zendaya**

Para la mayoría de las niñas de siete años, acompañar a su madre a su segundo trabajo con el grupo de teatro local habría sido una lata, un aburrimiento soporífero. Pero, claro, Zendaya Coleman no era una niña de siete años cualquiera. Desde que cumplió los dos, había pasado gran parte de su infancia en el California Shakespeare Theater, en Orinda, cerca de San Francisco, teatro que su madre dirigía cuando no ejercía como profesora. Para esta jovencita, que tenía la sonrisa más tímida que se haya visto, sentarse en un auditorio vacío y ver cómo los actores ensayaban en el escenario fue una experiencia electrizante. Empezó como una chispa de iluminación tenue, que gradualmente se hizo más y más brillante hasta llegar a iluminar toda su órbita. Zendaya no recuerda una época en la que no la cautivara.

«Desde que era pequeña tenía grandes sueños», escribiría ella misma en 2013, en su libro de autoayuda adolescente *Between U and Me: How to Rock Your Tween Years with Style and Confidence*. «Sabía que quería ser artista. Me imaginaba cantando y bailando delante de millones de personas. Sabía que podría cumplir cualquier sueño si creía en mí misma. Quienes consiguen cosas en esta vida es porque también sueñan en grande».

La joven Zendaya estaba prediciendo su propio destino. Cuando cumplió los trece, su sueño ya iba camino de hacerse realidad.

Oakland, en la bahía de San Francisco, en el norte de California, es considerada la ciudad vecina más soleada de San Francisco. Es una metrópolis rica culturalmente, que bulle de creatividad y orgullo local: el arte está por todas partes en Oakland, desde museos y galerías hasta más de un millar de murales que adornan las calles de la ciudad. También es donde, quién lo imaginaría, Zendaya Maree Stoermer Coleman llegó al mundo a las seis en punto de la tarde del domingo 1 de septiembre de 1996, bajo el signo de virgo. Fue un parto difícil, dieciséis horas complicadas para su madre, Claire Stoermer, quien entonces tenía treinta y dos años. La bebé tenía la cabeza muy grande y pesaba cuatro kilos y medio. El insólito nombre de Zendaya se inspira en la palabra *Tendai*, que significa «expresar gratitud» en lengua shona, un dialecto del bantú que se habla en Zimbabue, en el sur de África, de donde procedían los antepasados de su padre.

«Mi nombre significa "agradecer" en shona, y, en realidad, es medio real y medio inventado», confesó Zendaya en la revista *Popstar* en 2011. Ese mismo año también explicó en una entrevista para *The Hollywood Reporter* que el plan original era ponerle un nombre que empezara con J, pero que su padre tuvo la idea de añadir la letra Z al principio del nombre. «Empezaron con Jendaya, o algo parecido, pero a mi padre le gustan las Z y lo zen, es muy tranquilo y calmado, así que... eso hizo que terminara llamándome Zendaya».

El padre de Zendaya, de raíces afroamericanas, nació como Samuel David Coleman en Arkansas, Estados Unidos, en 1960, pero se cambió el nombre a Kazembe Ajamu Coleman como homenaje a sus ancestros. También tiene sangre islandesa y macedonia, heredada del lado paterno. La madre de Zendaya, Claire Maree Stoermer, nacida en marzo de 1964, es descendiente de alemanes y escoceses. El abuelo materno de Claire, Douglas Whitelaw, dejó la ciudad escocesa de Dundee con solo quince años para emigrar a Canadá en 1911. Primero llegó a Halifax y luego tomó un tren hasta Vancouver, donde su padre ya había montado un negocio como contador público titulado. Douglas se casó con una chica canadiense, Thelma Ray Kelly, y la hija que tuvieron —la futura abuela materna de Zendaya, Daphne Carol— nació en Vancouver en 1939. Daphne fue a la universidad en California y allí conoció al padre de Claire, Philip, un californiano de quinta generación cuya familia había emigrado desde Alemania en el siglo XIX. Philip era un abogado que también hacía fotografías; su padre, Fritz, fue un conocido fotógrafo durante la época dorada de Hollywood.

«Mi madre está orgullosa de sus orígenes, de su historia y de su pasado, y mi padre igual», dijo Zendaya en un video para homenajear el Mes de la Herencia Inmigrante en 2015. «Parte de mis raíces están en África. Soy de África, pero también de Alemania y Escocia, y me siento orgullosa. Soy una mezcla de los dos mundos».

Eso podía ser un arma de doble filo, como Zendaya empezaría a darse cuenta a medida que crecía.

«Tienes lo mejor y lo peor de los dos mundos», explicó en la web de Complex en 2015. «Hay muchos momentos en los que tratas de descubrir dónde encajas. Y me di cuenta de que como me llevo bien con mucha gente distinta, eso me daba ventaja. Pero, cuando eres de dos razas a la vez, cuesta mucho que te consideren negra porque no te ponen en ningún saco, estás sin definir. Así que tuve que aprender sobre mis dos orígenes y a sentirme orgullosa de ambos».

Pero todo esto ocurriría en el futuro. Zendaya tenía dos años cuando sus padres se casaron y ella sería su única hija. No obstante, tenía cinco hermanastros por parte de su padre. Eran mucho mayores que Zendaya —o Daya, como la llamaban cariñosamente en la familia—, pero sus tres hermanas, Kaylee, Katianna y Annabelle, y sus dos hermanos, Austin y Julien, formaron un estrecho lazo familiar alrededor de su hermana pequeña. Esta también contaba con otros compañeros de juego: sus sobrinos, que en realidad eran mayores que ella. Una de sus sobrinas, Enzenia —o Zink, como la llamaban—, tenía solo un año más que Zendaya y se unió mucho a su jovencísima tía Daya. Años después, Zendaya afirmó que Zink era la persona con la que «estaba más unida».

La familia Stoermer-Coleman, aunque no era pobre, tampoco nadaba en la abundancia. Tanto Claire como Kazembe se dedicaban a enseñar. Claire daba clases en escuelas de zonas urbanas deprimidas y con una situación compleja, enseñaba arte a alumnos muy a menudo desfavorecidos.

Kazembe, por su parte, era profesor de Educación Física. Zendaya disfrutó de una infancia muy feliz y pasó mucho tiempo con sus abuelas. Sin embargo, de niña, Zendaya era muy callada y tímida, tanto, de hecho, que apenas habló durante el primer año de preescolar. Claire recuerda que su hija se sentaba en un círculo con otros niños y no abría la boca. Eso preocupaba tanto a Claire y a Kazembe que le hicieron repetir el preescolar con la esperanza de que desarrollara habilidades sociales y saliera del cascarón. También consideraron qué posibles actividades extraescolares podían ayudarla a sociabilizar. Primero pensaron en el basquetbol. Kazembe era entrenador de este deporte en la preparatoria Emeryville, en Oakland, y Claire, que mide 1.93 metros, había sido una tiradora excepcional mientras estudiaba la carrera en la prestigiosa universidad de Santa Clara en California. Kazembe no perdió el tiempo y apuntó a su hija de cinco años a basquetbol: tenía grandes aspiraciones para ella, que se convirtiera en un miembro de la National Basketball Association, es decir, la NBA. Y aunque no había nada en las normas de la NBA que impidiera a las mujeres y a las niñas formar parte de dicha organización, nunca había ocurrido. A pesar de los esfuerzos de Kazembe, Zendaya tampoco lo haría. Aunque prometía mucho en la cancha, su interés por este deporte empezó a decaer al cabo de poco.

Luego, Claire introdujo a su hija al mundo del atletismo, su deporte favorito. Zendaya demostró ser una corredora rápida, pero, como ocurrió con el basquetbol, pronto perdió el interés. Al cabo de tan solo una temporada en las pistas, guardó sus pequeños tenis. Los deportes no habían conseguido despertar su motivación, pero eso no significaba que nada lo hubiera hecho. Todo lo contrario. Con tan solo seis años, sabía qué camino quería tomar: el «artístico», como más adelante aseguraría a la revista *Essence*. Las señales siempre habían estado ahí. Cuando solo tenía dos años, sus abuelos maternos la llevaron a que le leyeran los «colores» del alma, lo que reveló que tenía una aura violeta, un tono que indica creatividad, y algunos toques de verde, el color de los negocios. Fue una premonición muy acertada. Zendaya quería actuar en un escenario. Además de quedar cautivada por los actores del California Shakespeare Theater, conocido como el Cal Shakes, también estaba prendada por la exitosa serie de Disney *Es tan Raven* y soñaba con un día protagonizar su propia serie en Disney. *Hannah Montana* también tuvo una enorme repercusión. Más tarde, Zendaya, en una entrevista con PopSugar, recordaría que se obsesionó desde el minuto uno con la serie protagonizada por Miley Cyrus, hasta tal punto que mientras la veía se echaba a llorar porque se moría de ganas por interpretar a Hannah ella también. Aunque era tímida en público, Zendaya siempre estaba cantando, bailando y jugando a interpretar otros personajes cuando estaba en casa, y tanto Kazembe como Claire tuvieron la sensación de que su hija tenía algo especial, un don artístico. ¡Ojalá pudieran convencerla de enseñárselo al mundo! Al fin, Kazembe persuadió a Zendaya de cantar a dueto con él en un concierto en la escuela Redwood Day de Oakland, donde ejercía de profesor en esa época. La escuela casi se viene abajo con los aplausos que provocó su actuación.

«Su vocecita penetró en aquella enorme sala y, en ese momento, fui consciente del talento que tenía», recordó Kazembe en una entrevista para el periódico local *Mercury News* de California.

Para Zendaya fue una ocasión igual de memorable: «Mi padre me dijo: "Quiero que lo intentes y a ver si te gusta"», explicó a *Mercury News*. «Y luego resultó que mis padres tenían razón. Subí al escenario y estaba eufórica».

En la Fruitvale Elementary School, a la que acudía y donde su madre enseñaba, Zendaya desarrolló sus dotes para la actuación, además de empezar a demostrar los cimientos de una conciencia social. Ella y dos amigas convencieron a la dirección de la escuela para representar una obra con motivo del Mes de la Historia Negra. La obra se llevó a cabo con Zendaya en el papel de Bessie Coleman, la joven aviadora civil que se convirtió en la primera mujer nativa y afroamericana en conseguir una licencia de aviación. Entretanto, cualquier momento libre que tenía lo pasaba en Cal Shakes. Entregaba programas y vendía números de rifa, pero era el proceso creativo lo que la fascinaba y absorbió la atmósfera como una esponja.

«Los ensayos técnicos pueden ser muy aburridos, pero Zendaya me suplicaba que la llevara», explicó Claire a la madre de Beyoncé, Tina Knowles-Lawson, en el podcast *Talks with Mama Tina*. «Se sentaba con la apuntadora y le sostenía la linterna. Zendaya tuvo desde muy pequeña una visión profesional del teatro y de Shakespeare».

Claire tenía razón. Zendaya estaba completamente embelesada con todo lo que se hacía en Cal Shakes. Se pasaba los días en el teatro contemplando la estructura de los ensayos técnicos, luego los ensayos con vestuario y, al final, las actuaciones de verdad. Le fascinaba ver cómo se creaba una producción paso a paso. Cómo evolucionaba del guion hasta ser una entidad viva, con carácter y espíritu propios. No había dos actuaciones que fueran iguales. Cada una tenía una energía y una magia propias. Más que nada, Zendaya quería subir al escenario y crear su propia alquimia teatral con personas que vivieran el teatro con tanta pasión como ella. Aún era bastante joven y no terminaba de entender por qué la había cautivado tanto el teatro clásico. Sin embargo, se había transformado en algo muy poco común: una niña de ocho años enamorada de Shakespeare. «Yo era ese bicho raro al que, con ocho años, le gustaba Shakespeare, lo entendía y disfrutaba con ese lenguaje», declararía más tarde en el *South China Morning Post*.

El personal de Cal Shakes se daba cuenta de lo mucho que significaba todo para Zendaya y eso les enamoró. Las noches que había actuación, se aseguraban de que tuviera todo lo que necesitaba y le ofrecían un burrito de verduras, una galleta con chispas de chocolate y un jugo de frutas para que estuviera bien alimentada, y entonces se sentaba en la parte posterior del auditorio y absorbía las obras y las actuaciones una y otra vez hasta que se sabía casi todas las frases, todas las inferencias, todos los golpes de voz y todos los movimientos de memoria.

Cuando llegó al tercer curso y ya en la escuela Redwood Day, donde enseñaba su padre, Claire animó a Zendaya a ir a clases de teatro, como extraescolar, en Cal Shakes.

«Tuve que animarla a ir», explicó Claire Stoermer a *Datebook*, una guía de artes y entretenimiento de la zona de San Francisco. «Recuerdo verla en el escenario y en los pocos momentos en los que fue el centro de atención, pensabas "¡guau!"».

Cal Shakes —que describe su visión como la «redefinición del teatro clásico para el siglo XXI»— permitió a Zendaya explorar esa pasión, refinar sus dones y ejercitar sus habilidades. Trish Tillman, profesora y exactriz, recuerda trabajar con Zendaya escenas de obras de Shakespeare, incluida *Macbeth*, en la que interpretaba el papel de una de las tres brujas. Explica que las magníficas cualidades de Zendaya tardaron un tiempo en evidenciarse.

«Me encantaría poder decir que era una niña extraordinaria, con muchísimo talento, pero no tenía nada fuera de lo común al principio», recuerda Tillman de esa época. «Estaba empezando a entender qué era el teatro y habituándose a la sensación de estar en el escenario con otros niños».

El talento de Zendaya traslució cuando Trish Tillman y otros profesores de Cal Shakes la pusieron a prueba y observaron a sus compañeros en los ensayos y sobre el escenario. Aprendió a entender los textos, a las personas con las que actuaba y a usar y perfeccionar sus cualidades naturales y sus tendencias artísticas. A Claire y Kazembe les encantó el efecto que Cal Shakes tenía en su hija, como habían visto que tenía en muchos otros jóvenes. Centrarse en el proceso y no en el resultado, además de tener un profesorado que lo explicaba todo al dedillo y provocaba que los estudiantes se plantearan preguntas como «¿Qué harías si estuvieras en esta situación?» hizo que su autoestima y la confianza en sí misma aumentaran, e hicieron que por fin saliera de su cascarón.

Cuando Zendaya tenía once años e iba en sexto, Tillman detectó algo especial en ella, algo que llamó «fuerza de espíritu». Ofreció a Zendaya el papel de Lady Anne en la escena de *Ricardo III* en la que la dama pasa de odiar al protagonista a aceptar convertirse en su esposa. Defendió el papel con aplomo, como hizo más adelante al interpretar a Celia en *Como gustéis*.

Zendaya era una alumna excelente en la mayoría de las asignaturas de la escuela, y cuando llegó el momento de escoger una escuela secundaria, Claire y Kazembe decidieron que su hija debía ir a una escuela especializada, donde se alimentara su creatividad como artista, donde se reconociera su potencial y, con suerte, se materializara. Quizá había otra razón por la que optaron por este camino: en quinto, Zendaya había sufrido acoso escolar.

«Las cosas pueden llegar a ser horribles entre chicas», escribió ella en *Between U and Me*. «En quinto se hablaba mucho a espaldas de todo el mundo».

También estaba tomando conciencia de sus orígenes raciales: «Un día, fui a la escuela con el pelo alisado y fue el único día que alguien me halagó por mi pelo», explicó a *Cosmopolitan*. «Eso te afecta».

En una entrevista con la revista *Glamour* años más tarde, Zendaya recordó otro incidente que había ocurrido en quinto. No había hecho nada para evitar que se burlaran de un compañero y reconoció lo avergonzada que se había sentido, sobre todo cuando sus padres la reprendieron por no haber hecho nada. A partir de ese día, se prometió que siempre que pudiera intervendría y defendería a cualquier niño o niña que sufriera burlas.

Con once años, Zendaya se matriculó en la Oakland School for the Arts (OSA, según sus siglas en inglés). Al principio, la timidez era superior a ella. De hecho, era como si hubiera vuelto a ser esa niña llena de inseguridades. No conocía a nadie y la intimidaban los demás estudiantes, sobre todo los mayores. Había mucho que aprender y que recordar a nivel práctico: seguir un horario muy estricto, estar en el sitio que tocaba a la hora que tocaba, la preocupación constante de no llegar tarde a ninguna clase, hacer amigos e incluso ¡descubrir cómo se abría un casillero! En la escuela primaria, cuando iba en sexto, era la mejor, pero ahora, en la OSA, tenía que volver a empezar desde cero. Tampoco podía pasar desapercibida mientras se familiarizaba con su nueva rutina y el entorno. OSA era una escuela de artes escénicas. Había ido allí a actuar, a colocarse delante de sus compañeros y profesores y deshacerse de sus inhibiciones mientras trataba de meterse en la piel de distintos personajes. Estaba decidida a sacar buenas calificaciones, a intentar cumplir sus sueños. Para conseguirlo, Zendaya tuvo que hacer introspección, reunir toda la valentía posible, salir delante de sus compañeros y entregarse en cuerpo y alma. La primera vez fue aterrador, pero cuantas más veces lo hacía, más fácil le parecía y pronto se convirtió en algo natural para ella. Sin embargo, el éxito tardó en llegar. Cabe notar que el primer papel de Zendaya no fue protagonista. Se presentó a la audición para uno de los papeles protagonistas de *Jim y el durazno gigante*, de Roald Dahl, pero terminó consiguiendo el papel de gusano de seda.

«No tenía ninguna frase, pero ¿sabes qué?», recordó en una entrevista con la revista *W*, «¡lo logré! Era un gusano, pero reaccionaba, transmitía con la cara y fui el mejor gusano de seda que se ha interpretado nunca».

Mirando atrás, Zendaya agradece que al principio no se la reconociera como una estrella en potencia. En su época inicial en la OSA, justo se «estaba haciendo a la idea de lo que era hacer teatro». En resumen, la escuela le ofreció la experiencia que necesitaba, el espacio y la formación imprescindible para arrancar su carrera como actriz. Con el paso del tiempo, aumentó la confianza en sí misma, salió del cascarón y empezó a conseguir papeles más importantes, como el de Ti Moune en el musical *Once on This Island* en la Berkeley Playhouse. También interpretó el personaje masculino Joe en el musical *Caroline, or Change* en el Theaterworks en Palo Alto, California.

«La OSA estaba llena de magia creativa», enfatizó en una entrevista para Disney Channel. «Me ayudó a salir del cascarón».

Kazembe y Claire estaban encantados con la creciente confianza de su hija en sí misma. «Una de las cosas que le enseñaron fue a estar en una clase con más niños, con los que hacía ejercicios y trabajaban en equipo», recordó Claire en una entrevista para Disney Channel.

Una vez su timidez inicial desapareció, Zendaya se mostró decidida y súper centrada. «Desde pequeña ya era muy disciplinada, divertida y aplicada», dijo uno de sus profesores de teatro en esa misma entrevista para Disney Channel. «Tenía ese carácter que hace que todo el mundo quiera estar cerca de ella».

Y Zendaya no solo empezaba a despuntar como actriz. También tenía un don para el baile. Siempre le había encantado bailar en casa con sus hermanos y sus padres, y había comenzado a «bailar de verdad», como lo definió ella, cuando se unió a Future Shock, un grupo de hiphop de Oakland, cuando tenía ocho años. Más tarde diría que fue el inicio formal de su vida en el mundo de la danza. Pero al principio fue duro. Los demás bailarines eran mayores que ella y tenían mucha más experiencia en el hiphop, ella iba rezagada. «No era muy buena», rememoró en *Between U and Me*. «Me costaba mucho seguir el ritmo y aprenderme los pasos, pero poco a poco fui mejorando».

Más adelante, Zendaya también dedicó dos años al estudio del baile en la Academia de las Artes Hawaianas. Lo disfrutaba, pero consideró que se le daba mejor el hiphop que el hula. Un bailarín que era una gran inspiración para ella, y cuyas piruetas icónicas admiraba sobremanera, era Michael Jackson. Zendaya tenía doce años cuando este murió el 25 de junio de 2009, y en un homenaje a su ídolo, empezó a ver una vez tras otra *Michael Jackson's This Is It*, el documental sobre los ensayos y la preparación de la gira de conciertos con el mismo nombre que se canceló justo dieciocho días antes de su muerte. También demostró su devoción por Jackson vistiéndose como él una temporada (jeans negros y estrechos, mocasines y una chamarra de estilo militar). Sin embargo, se plantó ante los calcetines brillantes.

Tras pasar un año en la OSA, los pensamientos y ambiciones de Zendaya comenzaron a orientarse hacia la televisión. Su sueño de protagonizar una serie de Disney seguía vivo. Empezó a presentarse a castings de anuncios y trabajos de modelo y Claire la llevaba en coche a las audiciones que surgían por la zona de Oakland. Pero Oakland no era precisamente el centro neurálgico de las cadenas televisivas. Donde debía ir era a Los Ángeles, a casi seiscientos kilómetros y seis horas hacia el sur. Zendaya y su padre comenzaron a pasar muchas horas en la autopista interestatal 5 entre Oakland y Los Ángeles para que la adolescente pudiera presentarse a audiciones de anuncios y otros proyectos. Sin embargo, no era práctico ni sostenible. Al final, algo tenía que cambiar. Con doce años, Zendaya estaba convencida de que tenía que vivir en Hollywood para hacer avanzar su carrera y cumplir sus sueños. Por suerte, sus padres, que siempre la han apoyado, accedieron, y Kazembe y Zendaya se mudaron a Los Ángeles.

«Empecé a ir a audiciones con mi papá», explicó al periódico británico *Daily Mirror*. «Dejó su trabajo como profesor para acompañarme a Los Ángeles siempre que hiciera falta y supuso una presión económica significativa para la familia. Como saben, la enseñanza es una de las profesiones más importantes, pero de las peor pagadas y peor valoradas».

Claire siempre se había desvivido como profesora en una escuela infradotada de una zona deprimida. Se esforzaba por ofrecer a sus alumnos una educación que los llevara más allá de sus actuales circunstancias. Los introducía en el mundo de las artes, los guiaba a través de las palabras de Shakespeare y les enseñaba las maravillas de la naturaleza fuera de la vida en la ciudad, todo lo que no habrían llegado a experimentar de no ser por ella. Ver cómo Claire trabajaba enseñó a Zendaya a valorar y defender la importancia de la educación.

Claire se quedó en Oakland, y continuó con sus dos trabajos para mantener económicamente a la familia, mientras Kazembe alquiló un departamento pequeño en el centro de Los Ángeles donde se fue a vivir con Zendaya. Estar sin su madre fue duro para esta adolescente ambiciosa, aunque volvía a casa cada quince días. Zendaya celebró su cumpleaños poco después de mudarse y, al darse cuenta de que echaba de menos a su madre, Kazembe la sorprendió comprándole boletos de avión para que pasara unos días en Los Ángeles. Zendaya estaba loca de alegría de ver a su madre y agradecida con su padre por haber tenido tan en cuenta sus deseos.

«Me alegré mucho y me emocionó ver que mi papá comprendía mis sentimientos», destacó más tarde en *Between U and Me*. «Sabía qué era lo que yo quería más que nada en el mundo. Me perdí muchas cosas divertidas mientras intentaba cumplir mis sueños y fue muy complicado no poder estar con mi mamá y con mi perro».

Se matriculó en una nueva escuela, Oak Park High, en un suburbio de Los Ángeles, pero no fue fácil. Oakland y Los Ángeles están en California, pero son mundos muy diferentes según Zendaya. Su timidez reapareció en cuanto volvió a ser la niña nueva. Fue duro no conocer a nadie y estar en un sitio nuevo y desconocido. No le fue fácil hacer nuevos amigos. «El cambio me costó mucho», aseguró a *El HuffPost*.

Como siempre, Zendaya contaba con el inquebrantable apoyo de sus queridos padres, algo que siempre ha agradecido. Sabía que estaba muy en deuda con ellos por los sacrificios que estaban haciendo para que ella pudiera lograr sus sueños. Claire y Kazembe la apoyaban en todo y desde el principio quisieron lo mejor para ella. Abiertos y sinceros, la implicaron en todas las decisiones que se tuvieron que tomar y la apoyaron al cien por ciento en lo que ella quisiera. Nunca la presionaron para que fuera una estrella y le permitieron que decidiera dónde, cuándo y cómo.

«Siempre he oído las trágicas historias de jóvenes actores muy conocidos cuya vida se desmoronó al cabo de unos años», explicó al *Daily Mirror*, «pero mis papás me educaron muy bien sobre la vida y sobre todo lo demás. La mejor educación que podría haber tenido».

Zendaya tuvo suerte de que, como sus hermanastros eran mayores y ya tenían su propia vida, sus padres pudieron concentrarse en ella. Kazembe reconoció más tarde en Katch

Up Kulture que su hija menor tenía el síndrome del «hijo úni-co» en el buen sentido de la palabra y que, a efectos prácticos, se la crio así. Kazembe y Claire le inculcaron una confianza y una conciencia de sí misma extraordinarias, sobre todo para alguien tan joven.

«Todo empieza en casa y en cómo te educan», reflexionó Kazembe en una entrevista con la presentadora Kalima Kam en Katch Up Kulture. «Siempre ha sido consciente de quién es. Zendaya reúne lo mejor de los dos mundos. Por parte de su madre, proviene de una familia de clase media-alta y supongo que por mi parte nos podemos considerar una familia de clase media, afroamericanos trabajadores. Zendaya ha aprendido de ambos lados porque ha crecido abriéndose camino entre uno y otro».

Exactamente. Cuando era pequeña, Zendaya pasó muchísimas horas con su abuela paterna, quien era de Little Rock, Arkansas, en la América profunda. Había conocido al abuelo de Zendaya cuando era muy joven y se había casado con él con tan solo catorce o quince años. Aunque Zendaya debió de absorber algunas historias de su abuela casi que por ósmosis, más tarde declararía que a medida que se hizo mayor, lo que más le gustaba era hacer preguntas a la madre de Kazembe sobre la vida que había tenido, sus numerosos hermanos y en qué condiciones habían vivido las personas negras en la América profunda de los años cuarenta, cincuenta y sesenta, por aquel entonces, todavía muy racista. Por otro lado, la joven Zendaya también había visto mucho a su familia materna, sobre todo a la madre de Claire, Daphne, quien había crecido en una casa próspera en Vancouver, Canadá. También pasó mucho tiempo con sus padres en sus respectivas escuelas, la de la zona urbana deprimida donde trabajaba Claire y la privada donde enseñaba Kazembe, situada en una comunidad judía adinerada de Oakland. La combinación de estas experiencias hicieron que la joven Zendaya pudiera observar la vida desde muchas perspectivas distintas.

Todos hicieron sacrificios, pero la mudanza a Los Ángeles valió la pena. Zendaya consiguió trabajos como modelo para Macy's, Mervyn's y Old Navy. Apareció en el anuncio de juguetes de *iCarly* y también en el cuerpo de bailarines de un anuncio de Sears que protagonizaba la estrella de Disney Selena Gomez. Durante la grabación de este anuncio, Zendaya, como había hecho pocas veces en su vida, se comportó como una diva. De acuerdo con lo que explicó su padre en una entrevista con *Vogue*, no había quedado satisfecha con su actuación y quiso repetirla, si era necesario, más de una vez. Sus rasgos perfeccionistas ya hacían acto de presencia. «Papá, ¡no puedo volver a casa habiendo fracasado! ¡No puedo hacerlo!». ¿La respuesta de Kazembe? «¡Pues nos vamos a casa!». Por lo que dicen todos, la amenaza de «ir a casa» era su respuesta para todo siempre que estaba molesto con ella. Eso y llamarla por su segundo nombre, Maree.

«Fue un anuncio muy divertido porque es alucinante pensar que salía Ross Lynch y Leo Howard [quienes serían sus compañeros en *Shake It Up*]», explicó Zendaya a la revista *J-14*. «Y todos éramos cuerpo de baile, nadie era protagonista. Es gracioso pensar en cómo evolucionan las cosas y cómo encanta empezar desde abajo».

También apareció cantando y bailando en el video musical de Kidz Bop en la versión que hicieron del éxito «Hot N Cold» de Katy Perry, que se publicó en *Kidz Bop 15* en febrero de 2009. Pero no consiguió todos los trabajos para los que se presentó: hubo muchos papeles que se le escaparon, muchas audiciones en las que no volvieron a llamarla. Se presentó a muchísimos trabajos, más tarde reconocería que perdió la cuenta. Pero siempre creyó que la perseverancia daría sus frutos y su sueño de convertirse en artista se haría realidad. Y al cabo de unos meses, así fue. Había personas importantes que empezaron a fijarse en Zendaya, en concreto, Judy Taylor, vicepresidenta de casting y talentos de Disney Channel. Para Judy, Zendaya destacaba entre los otros niños que hacían audiciones. «No te cansas nunca de verla», comentó más tarde.

Cuando Disney empezó la creación de una nueva serie sobre bailarinas adolescentes, Judy Taylor recordó a cierta niña: una tal Zendaya Maree Stoermer Coleman.

¡ESTÁ ESCRITO EN LAS ESTRELLAS!

El signo del zodíaco de Zendaya es el sexto signo astrológico: virgo. El sol pasa por esta zona entre el 23 de agosto y el 22 de septiembre cada año. Virgo es un signo de tierra, tradicionalmente representado por la diosa de la agricultura y el trigo, una asociación que demuestra la arraigada presencia de virgo en el mundo material. También conocido como el «signo solar» en el ámbito astrológico, el signo del zodíaco de una persona marca su identidad. Es la esencia que proyecta al mundo. Representa la fuerza vital que la motiva a buscar la máxima expresión de su verdadera identidad. Tu signo del zodíaco o signo solar es cómo respondes a la pregunta «¿Quién soy?», cómo entiendes la vida y expresas tu individualidad. Se dice que las personas virgo son lógicas, trabajadoras, prácticas, perfeccionistas y sistemáticas en su visión de la vida. ¿Esto no te recuerda a alguien?

Zendaya cree firmemente en su identidad astrológica, según explicó a *Vogue Australia*: «Me sale mejor cuando lo hago yo misma. Soy virgo, sé qué me gusta». Cuando tan solo era una bebé, ya mostraba rasgos distintivos de virgo. Como todos los signos de tierra, se dice que los bebés virgo son prácticos, tranquilos y siempre están analizando su entorno. También saben con precisión qué les gusta y qué no, y es probable que te lo digan en cuanto sepan cómo. A medida que fue creciendo, Zendaya empezó a manifestar más cualidades típicamente atribuidas a su signo. Se sabe que los niños virgo suelen ser reservados, justo como Zendaya. Sus padres tal vez se preocupen, como hicieron Kazembe y Claire, porque su hija parecía demasiado tímida. Sin embargo, se dice que esto solo son las reservas naturales de un niño virgo, que hace que les cueste habituarse a los desconocidos y que sean muy prudentes cuando hacen amigos. Los niños virgo no tienen por qué ser tímidos; pero sí son modestos, tranquilos y determinados, e invierten mucho tiempo en escuchar, observar y deducir. Prefieren dar un paso atrás y reflexionar sobre una situación antes que lanzarse a resolverla. Y esto sin duda es verdad cuando hablamos de la joven Zendaya. Una vez decidió que quería ser artista, empezó a florecer, usando sus rasgos innatos de virgo para decidir qué quería y cómo —con acompañamiento de sus padres—, para conseguirlo.

Los niños virgo son muy trabajadores, a menudo se autoimponen mucha presión porque siempre buscan la perfección. ¿Te suena? Los astrólogos creen que los padres pueden hacer desarrollar la autoestima y confianza de su hijo virgo si comprenden, validan y apoyan aquello que hace que su hijo sea tan especial. Y sin duda, Kazembe y Claire lo hicieron sin escatimar.

Zendaya siempre se esforzó por ser una alumna de excelencia. Ninguna sorpresa: ¡es virgo! Gobernado por el planeta Mercurio, un niño virgo siente la necesidad de tener estimulación mental constante y no para nunca de preguntar. Adora aprender y las preguntas que plantea están bien fundamentadas en la realidad. Un niño virgo suele ser uno de los más inteligentes de la clase. Es ese a quien le encanta encontrar la solución a los problemas y se asegura de que todo «esté perfecto». Tendrá en cuenta todos los puntos de vista antes de tomar una decisión. Un niño virgo aborda cada experiencia de aprendizaje con seriedad: quiere saber el porqué y el cómo de todo y sus padres deben estar preparados para proporcionar explicaciones detalladas. No se engatusa a un virgo así como así. Y, al ser profesores, Claire y Kazembe cumplieron este papel con creces.

Incluso desde niños, los virgo son sensibles, lógicos, prácticos y sistemáticos en su enfoque vital. Y las chicas virgo en concreto son conocidas por dejarse la piel e implicarse al cien por ciento en sus proyectos. No se conforman con nada que no sea absolutamente perfecto. Trabajan duro y tienen una visión muy clara de su futuro. Están decididas a abrirse su propio camino. Las personas virgo siempre se esfuerzan por conseguir su objetivo y cierto grado de precisión. Son perfeccionistas decididas que planifican el futuro y se dedican en cuerpo y alma a alcanzar sus objetivos y a cumplir sus sueños. Cuando una chica virgo decide que conseguirá algo, ten cuidado, porque su nivel de autodisciplina y determinación, como Zendaya ha demostrado, no tiene parangón. Una vez Zendaya supo a qué quería dedicarse, se centró en conseguirlo fuera como fuera, sin importar cuánto trabajo y dedicación hicieran falta para ello. Su propósito siempre ha sido hacerlo lo mejor posible o no vale la pena hacerlo. Nació para ser la mejor, y fracasar no es una opción. Pero esta inclinación por la perfección también supone que las personas virgo trabajen demasiado, de forma que necesitan ser capaces de encontrar tiempo para relajarse, incluso cuando, como Zendaya, preferirían estar trabajando antes que descansándo. Tienen buen ojo para los detalles y son capaces de descomponer un problema en partes manejables. Sin embargo, a pesar de ser ambiciosas, las personas virgo son modestas y humildes con aquello que consiguen, otro rasgo típico de Zendaya.

Cuando se trata de creatividad, Zendaya cumple con todos los estereotipos de los virgo. Las chicas virgo son muy creativas y se expresan a través del arte. Les encanta usar su inventiva en la resolución de problemas y a menudo dejan volar la imaginación. La creatividad rige el lado emocional de este signo astrológico, y se implicarán en actividades creativas tanto como lo hacen con sus otras pasiones.

Zendaya ha confesado en entrevistas que mentir nunca se le ha dado bien. Es poco probable que sea hábil, ya que los virgo son uno de los signos más sinceros, leales y dignos de confianza del zodíaco. Cuando se trata de temas familiares, Zendaya es la personificación del signo virgo. La familia es lo que más importa a las personas de este signo, y Kazembe, Claire, las abuelas, los hermanastros, las sobrinas, sobrinos y primos lo son todo para Zendaya. Los amigos y la familia suelen recurrir a una persona virgo en momentos de necesidad, porque parecen más maduros que la edad que tienen. Qué casualidad. Incluso ya de pequeña, se decía de Zendaya que tenía alma de persona mayor, que ya había pisado este mundo.

2

Cantar, bailar y actuar...
De *Shake It Up* a *Swag It Out*

Cuando entré para interpretar a Rocky, noté
que había química.

**Zendaya, recuerdos de su
audición para *Shake It Up***

Con la idea de replicar el éxito de Hannah Montana, el personaje soñado por Zendaya, en 2008 Disney estaba concentrado en producir otra exitosa serie adolescente, y puso en práctica el viejo dicho de los creadores televisivos de hacer «lo mismo, pero diferente». Chris Thompson y Rob Lotterstein, dos productores de televisión veteranos, recibieron el encargo y empezaron a desarrollar el concepto de una historia de «mejores amigas adolescentes», una serie de comedia que incorporara una faceta de baile. Con el título provisional de *Dance Dance Chicago*, el por aquel entonces presidente de Disney Entertainment, Gary Marsh, anunció que, «aunque las comedias de mejores amigos existen desde los inicios de la televisión [...] esta es la primera vez que se incluye la danza a la premisa de la comedia de situación».

Dos chicas protagonistas serían la base de la serie: el papel principal de CeCelia o CeCe Jones, una chica simpática, espabilada y con un punto de rebeldía que baila en un programa de televisión ficticio de baile en Chicago y sueña con convertirse en una artista famosa en todo el mundo; y la mejor amiga de CeCe, la «niña buena», Raquel «Rocky» Blue, que vive en el departamento de arriba. Igual que CeCe, Rocky también ambiciona tener éxito como bailarina. La serie también narraría las aventuras y desventuras de las dos amigas: su vida como bailarinas, su vida social en la escuela y los típicos problemas adolescentes que surgían en casa.

Zendaya, quien en esa época tenía trece años, tenía un contrato con Mitchell Gossett, el mismo agente que había descubierto a Miley Cyrus. Este le había sugerido que, como Madonna, Rihanna y Beyoncé, se la conociera solo por su nombre de pila, y a ella le había parecido bien. Incluso siendo tan joven, Zendaya era consciente de las ventajas que eso supondría. Aunque estaba muy orgullosa de su apellido Coleman y de la historia familiar que le legaba, su intuición le decía que ser conocida por su nombre de pila, tan característico y único, la haría destacar y la gente la recordaría con facilidad. Gossett la propuso para el papel protagonista de CeCe. Como era una bailarina con talento y con años de experiencia a sus espaldas, además de ser una actriz ya consumada, creía que Zendaya tenía el papel asegurado. Sin embargo, las audiciones fueron un proceso arduo y larguísimo. La selección empezó con una audición inicial entre doscientas optimistas aspirantes, en la que Zendaya interpretó el éxito de Michael Jackson «Leave Me Alone». Pasó la primera fase y tuvo una segunda audición, conocida como la «sesión del productor», seguida de emparejamientos con otras chicas. Fue durante dicha sesión cuando los productores y los directores de casting cambiaron de parecer. Tras ver cómo Zendaya interpretaba a CeCe, le pidieron que cambiara de papel e interpretara a Rocky. Otra estrella en ciernes de Disney se hubiera puesto a temblar ante este cambio inesperado, o como mínimo, hubiera pedido más tiempo para la audición con el fin de poderse preparar. Sin embargo, profesional como es, Zendaya estaba más que preparada.

«Dije "Muy bien, okey, hago ese papel". No me importaba», escribió en *Between U and Me*. «Estaba dispuesta a darle una oportunidad. Salí al coche, me aprendí las frases durante veinte minutos, volví e interpreté a Rocky. Y me alegro de haberlo hecho. Cuando hice de Rocky, noté que había química. ¡Lo estaba haciendo! Sabía lo que quería. Y creo que se dieron cuenta».

Una joven actriz de Florida llamada Bella Thorne consiguió el papel de CeCe, a pesar de no haber bailado nunca. Zendaya se había encontrado con Bella en otras audiciones, pero nunca habían hablado. La recordaba de un trabajo que había tenido lugar seis meses antes. Tanto ella como Bella habían sido propuestas para un anuncio que saldría en la prensa y Bella había entrado en la sala de audición girando y dando vueltas, rebosante de una energía arrolladora. Zendaya se había preguntado quién debía de ser esa chica llena de chispa y confianza. Reconoció a «la chica que daba vueltas» en cuanto esta llegó a los estudios de Disney para la nueva serie. Había otras que habían mandado videos y habían hecho la audición, pero, tras haber visto a las dos chicas actuar, los productores y los directores de casting habían descartado a las demás para quedarse con Zendaya y Bella. Las hicieron actuar juntas e improvisar. La química surgió al instante. Todo el mundo lo vio de inmediato. Zendaya se equivocó con una frase, pero no importó porque la conexión que tenían era muy, muy buena. Las dos encajaban a la perfección y harían arder los televisores de todo el país, ¡quizá incluso del mundo entero! Zendaya y Bella eran el dúo perfecto para la nueva serie. Al comentar el casting de ambas, Judy Taylor, vicepresidenta senior de Disney Channel, dijo que Zendaya «captaba toda tu atención» y que tenía «buena presencia» mientras que Bella tenía «mucha energía» y los espectadores «querrían conocerla mejor en cuanto la vieran».

Zendaya estaba exultante de alegría de haber conseguido por fin un papel protagonista en una serie de televisión de Disney. Su intuición le decía que si seguía esforzándose y se concentraba en lo que quería, acabaría haciéndolo realidad. Intentar cumplir sus sueños no sería fácil, lo había sabido desde el principio. Tendría que trabajar duro, dedicarse en cuerpo y alma, no perder el foco, invertir toda su energía, su concentración y… hacer muchos sacrificios. Echaba de menos a su madre, a sus hermanos, a sus sobrinos, echaba de menos al perro, un schnauzer gigante de color negro que se llamaba Midnight y que había formado parte de su vida desde que tenía ocho años. Pero «céntrate en tu objetivo, sigue tus instintos y trata de cumplir tus sueños» era el mantra de Zendaya.

En mayo de 2010, cuando se reveló el título definitivo, *Shake It Up*, la producción anunció que se empezaría a grabar en julio y que se preveía el estreno para otoño de 2010. Cuanto más conocía Zendaya a Rocky, más «en sintonía» con el personaje se sentía. Tenían muchas cosas en común. Rocky era la niña dulce, la niña buena, la niña más callada, más tímida, más reservada; de hecho, era muy parecida a Zendaya. Rocky era una estudiante aplicada y no se conformaba con nada que no fuera una excelente calificación. Soñaba con ser artista y poder hacerlo realidad, ¡justo como Zendaya!

«Entendía muy bien a Rocky», explicó Zendaya más adelante a la revista *J-14*. «Sentía mucha conexión con ella».

Tal vez Zendaya estaba viviendo su sueño, pero el horario de rodaje de *Shake It Up*, que empezaba muy temprano y terminaba muy tarde, era muy duro. Los miércoles leía el guion de cada episodio, y luego los ensayos eran los jueves y viernes, que incluían el aprendizaje de nuevos pasos de baile. Los fines de semana se dedicaban a perfeccionar las coreografías. Los episodios se grababan los lunes, y los martes había grabación en directo. Y entonces, el miércoles empezaba todo el proceso de nuevo. Sin embargo, Zendaya estaba en su salsa. No había otro sitio en el que prefiriera estar. Le encantaba trabajar, estar ocupada. No sabía qué hacer cuando tenía tiempo libre. Y tenía suerte en ese sentido, porque le sobraba muy, muy poco. Además del durísimo horario de *Shake It Up*, la escolarización de Zendaya seguía siendo una prioridad. Igual que el personaje de Rocky, Zendaya, siempre perfeccionista, no estaba satisfecha si no sacaba excelentes calificaciones en todas las asignaturas. Oficialmente, seguía siendo alumna del instituto Oak Hill, pero debido a los horarios de *Shake It Up*, ella y Bella tomaban las clases online y compartían una profesora particular para que pudieran recibir su educación a pesar de estar trabajando. Cada día, de lunes a viernes, hacían cinco horas de trabajo escolar en el estudio, antes de que empezara el horario de *Shake It Up*. Por ley, siempre y cuando las chicas sacaran calificaciones satisfactorias, podían seguir trabajando. No obstante, Zendaya, meticulosa como era, incluso siendo solo una estrella de catorce años en ciernes, no siempre estaba satisfecha con el estándar educativo que recibía.

«Recuerdo que algunos alumnos que conocí copiaron durante todo el curso que hacíamos de manera virtual», apuntó Zendaya a la revista *Glamour* en 2017. «Buscaban las respuestas y las introducían. A mí me parecía una locura. Mi mamá se especializó en educación. Creo que el hecho de venir de una familia en la que se valora tanto la educación me proporcionó una base sólida. En este mundillo siempre hay oportunidades para alguien que considera que la educación es periférica. Varias veces un abogado me ha dicho: "Lo único que se exige es que te garanticen cuatro paredes y una persona". Y para mí era como "Bueno, pero es que yo quiero sacar buenas calificaciones en la escuela"».

La situación mejoró cuando Zendaya y su madre se reunieron con Disney. Hicieron un trato según el cual tendrían una profesora que cumpliera con sus exigentes estándares y que también, en el futuro, viajaría con Zendaya —y con Bella— allá adonde fueran para la promoción de la serie. Tras un día duro tanto en la escuela como en el estudio de grabación, poca relajación esperaba a Zendaya por las tardes: no cuando tenía tareas y frases que aprenderse.

«Para mí la tarea es lo primero, incluso antes que mi "trabajo" en *Shake It Up*», escribió en *Between U and Me*. «La educación es la prioridad principal, de forma que estudiaré y haré los trabajos antes de tomar el guion y aprenderme las frases de Rocky. No me encanta hacer tarea, pero tampoco lo detesto. Me digo que es mi oportunidad para trabajar de manera independiente y de demostrar lo madura y responsable que puedo llegar a ser. Cuanto más lista eres, más puedes soportar. Así que... ¡vamos!».

Pero no importaba cuán madura y responsable pretendiera ser, cuánta seguridad y confianza tuviera en sí misma, Zendaya no dejaba de ser una adolescente de catorce años que se enfrentaba a los problemas propios de las chicas de su edad. Por ejemplo, manejar la menstruación cada mes. Vivía con su padre en un departamento en el centro de Los Ángeles y, aunque lo quería con locura, echaba de menos a su madre. Zendaya tuvo su primera menstruación mientras estaba en el estudio de grabación y Kazembe no tenía ni idea de qué hacer, a pesar de tener hijas mayores. Cuando fue al supermercado a comprarle lo que necesitaba, la amplia gama de productos sanitarios que se ofrecían le pareció alucinante y, agobiado, llamó a la profesora de Zendaya con la esperanza de que le ayudara a decidir qué comprar. Acabó por pasarle a la dependienta el teléfono y quitarse él de en medio. Como Zendaya echaba mucho de menos a su madre, a menudo hacía videollamadas con Claire mientras esta daba clases para sentir que estaba con ella. Fue una fase de transición extraña y hubo instantes en los que Zendaya sentía que su vida era muy inestable. Sabía que sería mucho más sencillo si volvía a Oakland y llevaba la misma vida que la mayoría de las chicas de su edad. Podría salir con sus amigas, ir a una escuela normal, vivir con sus dos padres en la casa familiar, y compartir ratos con sus hermanos y sus primos, su perro... Llevar una vida normal de adolescente, en definitiva. Hubo momentos en los que, agotada de ese horario, ansiaba esa normalidad. Sin duda, ninguno de sus padres la presionaba para que continuara. Al contrario.

Tanto Kazembe como Claire le hubieran dicho que podía volver a Oakland siempre que quisiera, que podía retomar su antigua vida. Pero, cuando llegaba la hora de la verdad, por duro que fuera a veces, Zendaya estaba decidida a seguir adelante. Esa era la vida que había anhelado durante años.

El 7 de noviembre de 2010, *Shake It Up* estrenó el primer episodio con la barbaridad de 6.2 millones de visualizaciones. En ese momento, era la segunda mayor audiencia en el estreno de una serie de la historia de Disney. Reconocían a Zendaya incluso antes del estreno y a ella le encantaba. Mientras compraba helado de yogur en un centro comercial de Los Ángeles, se le acercó una niña que había visto el anuncio de *Shake It Up* en Disney Channel. La niña le pidió una foto y Zendaya estuvo encantada de posar con ella. Le devolvió el favor pidiéndole una foto a su joven fan, ya que era ¡la primera persona que la reconocía!

Una vez se hubo estrenado *Shake It Up*, las revistas de adolescentes y preadolescentes se convirtieron en defensoras de la serie, de Rocky y CeCe o, más bien, de Zendaya y Bella.

«¡*Shake It Up* es una serie 3 en 1: una comedia llena de aventuras y bailes!», alabó la revista *Glitter*. «La música de la serie la canta otra estrella de Disney, Selena Gomez, lo que demuestra que ¡el poder femenino ha encontrado su sitio en Disney Channel! Con travesuras descerebradas, personajes cercanos, *Shake It Up* es la serie de televisión perfecta para chicas de todas las edades. ¡Bella y Zendaya están muy en sintonía con sus fans porque son chicas como tú!».

La popularidad de la serie fue la cereza del pastel para Zendaya. Era todo lo que siempre había soñado y más.

«No hay palabras para definir la locura que está siendo, es que ¡estoy contentísima!», comentó cuando la entrevistaron en la revista *Glitter* poco después del estreno de la serie. «Me muero de alegría, solo espero que dure para siempre. Cada día estoy viviendo un sueño con *Shake It Up*».

Los jóvenes espectadores de la serie no se cansaban nunca de Rocky, CeCe, sus aventuras, travesuras y maratones de baile. A medida que aumentaba el éxito de la serie, también lo hacía la fama de Zendaya y de Bella, y a un ritmo vertiginoso. A las pocas semanas de su estreno, se publicó el videoclip de la canción «Shake It Up». En los meses siguientes, las chicas aparecieron en programas de radio, galas benéficas, alfombras rojas y estrenos cinematográficos. En la alfombra roja de un evento de Justin Bieber a principios de 2011, el estreno de su película *Never Say Never*, para ser exactos, Zendaya se presentó con un conjunto muy cool: una chamarra metálica muy a la moda y una minifalda de charol, de la mano del estilista y diseñador de imagen Law Roach. Era la primera vez que la vestía, pero sería quien idearía y diseñaría algunos de sus conjuntos más icónicos. En la alfombra roja, Zendaya —con su padre pendiente en el fondo en su triple papel de padre, mánager y guardaespaldas— era una mezcla de alegría adolescente y profesionalidad.

«Será abrumador, pero estoy lista», declaró, refiriéndose al éxito desmesurado de *Shake It Up* y a cómo se imaginaba que afectaría a su vida. «Así que, siempre y cuando pueda contar con mi familia, estaré bien. Me está cambiando la vida. Estoy en este estreno súper importante y se me empieza a reconocer. Al principio era muy raro, pero ahora me reconocen por la calle y me encanta, y no solo niñas, chicas de mi edad también, y me encanta. Me siento muy querida».

Cuando *Shake It Up* se convirtió en la serie de televisión número uno para niños y adolescentes, los meses siguientes fueron una vorágine para Zendaya y el resto del elenco. Aparecieron en *Good Morning America* para bailar y hablar de la serie. Interpretaron la música de la serie con la princesa de Disney Selena Gomez en una gala del sector. En la primavera de 2011, se cumplió otro sueño para Zendaya cuando Bella y ella fueron a París para promocionar la serie. Mientras, el talento de Zendaya como cantante empezaba a destacar. En junio, se estrenó el sencillo de Zendaya y Bella «Watch Me», que subió al número 63 de la lista Billboard Hot Digital Songs y el número 86 en la lista Billboard Hot 100. Sin embargo, Zendaya ya había hecho, un mes antes, su debut como solista con *Swag It Out*, un sencillo promocional independiente que, según ella, era una canción sobre la autoestima. En el videoclip, grabado en Oakland, aparecía la actriz de quince años, con unos pantalones de mezclilla cortos y una chamarra corta rosa y negra decorada con una enorme Z. La más moderna de la ciudad. Y, además, fue asistente del director del videoclip. ¡Ella sí tenía una autoestima que demostraba con mucho estilo!

«Tu propio estilo, tu aura personal», declaró en ClevverTV. «Todo el mundo tiene el suyo». Y el «estilo» era algo muy propio de Zendaya. La actriz era el estilo personificado. Y se estaba empezando a hacer famosa entre su creciente legión de fans —que se autodenominaban Zswaggers como referencia a su estilo y su canción— como un icono supremo de la moda.

«Cuando me mudé a Los Ángeles, cambié mi estilo de vestir», escribió en *Between U and Me*. «Me volví más cool, más divertida, y eso me lo llevé a *Shake It Up*; además, ahí

46

tenían muy buenas ideas y contaban con diseñadores fantásticos. A veces conjuntaban prendas y tú no sabías si funcionaría, pero cuando te lo ponías todo junto era lo mejor que habías visto nunca».

Zendaya aceptaba los consejos de los diseñadores de *Shake It Up* y los aplicaba en casa. Ahí, experimentaba: mezclaba colores, estampados, lunares, lo que fuera. Su secreto era llevar piezas que favorecieran su cuerpo y su estilo personal. La clave era sentirse bien con lo que se pusiera. También le encantaba vestirse de Rocky —tenían estilos similares—, aunque a Zendaya le parecía que Rocky era más femenina que ella. Por ejemplo, Zendaya, para su propio look, podría optar por una de las bonitas faldas con holanes de Rocky y conjuntarla con medias, botas de combate y una chamarra de piel. El secreto estaba en mezclar —o en encontrar su estilo— y no optar por conjuntos, formas, texturas y colores predecibles. Y menos cuando había tantas combinaciones y posibilidades. Los consejos de estilo y de moda de Zendaya han resistido al paso del tiempo y son tan válidos hoy como lo fueron cuando era una adolescente, lo que demuestra que siempre ha sido una experta en el tema. Como si fuera una especie de camaleón, Zendaya cambiaba su imagen de forma regular, ya que le parecía una muy buena opción ir probando nuevos estilos y descubrir qué la hacía sentirse y verse bien. Para Zendaya, en la moda se trataba —y aún se trata— de tener inventiva. Mezclar colores, estampados y texturas para crear algo nuevo y emocionante que sea único para ella. Lo comparaba con protagonizar su propia versión de *Project Runway* cada día, pero su filosofía era sencilla: sé fiel a quien eres y no tengas miedo de experimentar. Lo demostraba una vez tras otra en *Shake It*

Up, pero también en sus apariciones cada vez más sofisticadas en la alfombra roja.

Disney Channel sacó provecho del estilo de Zendaya cuando, en el verano de 2011, lanzó una asequible línea de ropa de treinta y cinco piezas para la cadena de tiendas estadounidense Target inspirada en los conjuntos más conocidos de Rocky y CeCe. A diferencia de otros artículos de *merchandizing* de series de televisión, en las piezas no aparecían fotos de los personajes, sino que se inspiraban en los conjuntos y las personalidades de Rocky y CeCe, y era ropa que podrías haber encontrado en sus armarios y cómodas. Las piezas, muy modernas, mezclaban estampados y telas que creaban conjuntos frescos y divertidos. Negros rebeldes se combinaban con verdes eléctricos, fucsias y violetas fuertes. Lentejuelas, arandelas y tachuelas acentuaban estampados de animales y teñidos jaspeados que, cuando se combinaban, creaban conjuntos perfectos dando el efecto de que estabas lista para salir a bailar.

«Es fantástico y maravilloso que los niños y niñas puedan vestirse como sus personajes preferidos de televisión», afirmó Zendaya en la alfombra roja de un evento de Disney poco después de que se lanzara la colección. «Nos emociona ver a niñas que se visten como Rocky y CeCe».

Al cabo de unos meses, Disney sacó una línea de muñecas VIP *Shake It Up* inspiradas en Rocky y CeCe y vestidas con ropa muy moderna y urbana. La etiqueta de VIP iba dirigida a quienes compraban las muñecas y no a las estrellas o a los personajes. Cada cajita de Rocky o CeCe venía con una tarjeta VIP con un código especial grabado en relieve que permitía a quienes las adquirían acceder a contenidos en video exclusivos por internet. En 2023, las muñecas de

Rocky y CeCe se vendieron en eBay y en páginas similares por centenares de dólares.

El éxito aplastante de *Shake It Up* implicaba que estuviera casi garantizada una segunda temporada. Se anunció en marzo de 2011 y se empezó a grabar en julio. El primer episodio de la segunda temporada se emitió al cabo de dos meses. Los fans se morían de ganas de ver qué trastadas se les ocurrían a las dos amigas. El hecho de que Zendaya y Bella también parecieran muy amigas fuera del estudio hacía que su relación en televisión fuera aún más mágica. Pero fuera de la pantalla, las cosas no son siempre lo que parecen. De hecho, años más tarde se supo que, durante la primera temporada, las chicas —a diferencia de la amistad y cercanía que exhibían y mencionaban en las entrevistas— no eran tan amigas. Básicamente, se les obligó a competir la una con la otra. A superarse entre ellas. No ayudaba el hecho de que, a pesar de lo que se publicó desde el departamento de relaciones públicas de Disney Channel, sus personalidades también chocaran.

En una entrevista con *J-14* en 2020, Bella Thorne explicó cómo habían empezado a contrapié la primera temporada de *Shake It Up*. «A Zendaya y a mí nos colocaron en una posición peliaguda y nos vimos un poco obligadas a competir la una con la otra, lo que hizo que toda la primera temporada de la serie fuera muy incómoda para nosotras. Siempre nos enfrentaban. Nos decían: "¿A cuál se le da mejor esto?" y "¿Quién hace mejor aquello?". Nos afectó mucho. Por eso no fuimos amigas durante esa primera temporada».

No obstante, en la segunda las cosas mejoraron. Las chicas tuvieron una charla muy sincera en la que se echaron a llorar y pusieron todas las cartas sobre la mesa. Tras ser tan honestas, fue cuestión de tiempo que se volvieran grandes amigas.

La segunda temporada de *Shake It Up* se estrenó en septiembre de 2011 y prometía explorar las personalidades y la vida de Rocky y CeCe con más profundidad. Zendaya se alegraba de que se exploraran los personajes más a fondo y que los problemas que surgían fueran más realistas.

«Son problemas reales que las adolescentes, las familias y la gente de todo el mundo tiene que afrontar», dijo Zendaya en diversas entrevistas promocionales para la serie. «Está bien ver que Rocky y CeCe no son perfectas, que tienen problemas. Viven las mismas cosas que todo el mundo y tienen que hacerles frente. Me gusta, porque eso hace que nuestros personajes sean reales y la gente se pueda identificar más con ellos».

Tal como se predijo cuando se emitió *Shake It Up* por primera vez, Zendaya y Bella se estaban haciendo cada vez más famosas, algo que a las dos chicas les entusiasmaba.

«A menudo, encontrarme con fans ha sido muy divertido», explicó Zendaya en una entrevista con AssignmentTX.com. «Ha habido veces en las que he ido a parques de atracciones y algún niño se ha echado a llorar. Es alucinante. Creo que cada vez que conoces a un fan es especial. Cada fan es especial. Siempre me esfuerzo por ver tantos como pueda, incluso aunque tenga prisa por ir a otro lado, intento pararme y conocerlos, ya que esto le da sentido a lo que hago. Los fans son el porqué de mi trabajo».

En una entrevista para la revista *Glitter* en esa época, le preguntaron a Zendaya dónde se imaginaba que estaría al cabo de cinco años. «Hay muchas cosas que quiero hacer», respondió. «Quiero actuar en una película, sacar un disco, ir de gira, diseñar ropa, escribir un libro, caminar por una pasarela... ¡Todo, en definitiva!».

En otras palabras: quería conquistar el mundo, y nada, pero nada, podría detenerla.

HECHOS EL UNO PARA EL OTRO

Se respiraba cierta magia en el aire el día que Law Roach conoció a Zendaya Coleman. Sin su talento excepcional como estilista de moda y diseñador de imagen, sin su visión creativa y su aporte de elegancia en la carrera de Zendaya, se podría cuestionar si hubiera llegado a ser la súper estrella que es hoy en día.

Se conocieron en 2011, cuando Zendaya tenía solo catorce años y estaba grabando la primera temporada de *Shake It Up*. Law, quien por aquel entonces era propietario de una tienda de ropa vintage en su Chicago natal, había llegado a Los Ángeles para ir de compras como estilista personal de un cliente. Un cliente que, daba la casualidad, era amigo de un amigo de Zendaya y su padre, Kazembe.

«El día que llegué, una niña preciosa se me acercó con su padre. Era Zendaya», recordó Law para el periódico británico *The Guardian*.

Fue el principio de una relación en la que demostraron estar hechos el uno para el otro, en la que serían testigos de cómo llegaban a su máximo potencial mientras crecían juntos y desarrollaban sus carreras de forma simultánea.

Lawrence Roach nació en julio de 1978 y la vida no fue fácil para el mayor de cinco hijos de una familia que vivía en el barrio South Side de Chicago. De hecho, fue durísima, con una familia desestructurada y caótica: Law nunca conoció a su padre y su madre no imponía ningún tipo de norma a sus hijos. Con catorce años, empezó a vivir en casa de un amigo, y atribuye haber podido terminar la preparatoria a ese nuevo oasis de estabilidad y estructura.

«Mi situación familiar no era la mejor», reconoció a la revista *Chicago* en 2020. «Crecí en un barrio complicado, en una escuela llena de bandas. No sé qué me salvó. Pero siempre supe que me esperaba algo mejor».

Desde pequeño, Law estaba obsesionado con la idea de la mujer como icono, sobre todo desde que descubrió las películas clásicas de Diana Ross de los años setenta: *Lady Sings the Blues*, *El mago* y *Mahogany*. Adoraba el estilo retro y chic de los setenta que lucía Ross en esas películas. También le encantaba la moda de esas series de televisión que se estaban reemitiendo, como *Dinastía* y *Los ángeles de Charlie*. Fue su abuela Eloise quien lo introdujo en el arte de comprar ropa vintage, o lo que ella definía como «rebuscar entre la basura» en tiendas de segunda mano. Exploraba las pilas de ropa femenina por curiosidad, pero luego empezó a comprar piezas que le llamaban la atención. A medida que crecía su colección, comenzó a prestar piezas a sus amigas más modernas, y cuando estas empezaron a pelearse por sus piezas en los mercadillos improvisados que montaba, Law se dio cuenta de que tenía delante una oportunidad empresarial. Comenzó a vender sus hallazgos vintage y terminó abriendo una tienda en Chicago que llamó Deliciously Vintage. El punto de inflexión se dio en 2009, cuando Kanye West fue a la tienda y compró ropa por valor de miles de dólares para quien era su novia en aquel entonces, Amber Rose. Como consecuencia, de pronto los estilistas acudieron en masa desde ciudades de todo el país y de capitales como París y Londres, y le pedían a Law que buscara todo tipo de joyas vintage. Fue el apoyo de Kanye lo que animó a Roach a erigirse como profesional de la moda.

Antes de conocer a Law, Zendaya compraba la mayoría de su ropa en la cadena de tiendas Target. Pero una vez él apareció en su vida, todo cambió. Tras conocerse, Law se la llevó a comprar ropa para el estreno de *Never Say Never* de Justin Bieber. El conjunto resultante fue, en palabras textuales de Law: «Una falda de charol de Alexander Wang de color verde vómito con un saco plateado de Alice and Olivia. Pensamos: "A la gente o le encantará o lo detestará, pero a nosotros nos encanta"», declaró a *The Guardian*. Tal como predijo, a todo el mundo le encantó, y lo que era más importante, también a los gurús de estilo e influencers del mundo de la moda de Los Ángeles. Tras su aparición en la alfombra roja de *Never Say Never*, Zendaya y Law se volvieron inseparables, unieron fuerzas y se prometieron echarse una mano y ayudarse en una época en la que a ambos les costaba recibir el reconocimiento que sus carreras merecían. Se lo prometieron incluso entrelazando los meñiques. Pero, para empezar, no fue fácil encontrar diseñadores que vistieran a Zendaya: no era lo bastante famosa y en la industria de la moda y el cine no se tomaban en serio a los niños Disney. Sin embargo, Law ideó un plan para solucionarlo: comenzó a vestirla con prendas que ya habían llevado otras famosas. Esta táctica provocó que Zendaya apareciera en las secciones «A quién le queda mejor» de las revistas. Zendaya siempre salía airosa en estas comparaciones y, al cabo de poco, la gente empezó a fijarse en ella. Roach declaró a

NationalNews.com que Zendaya era su alma gemela en términos de moda y que por fin había encontrado a la persona con la que podía compartir, debatir y materializar ideas. Dijo que la actriz era una esponja: «Quiere aprender y quiere saber cuáles son tus referencias», explicó.

A partir de este momento, Law siguió ideando los conjuntos más icónicos de Zendaya, contribuyó a erigirla como un puntal de la moda y a ser la famosa más esperada en las alfombras rojas más importantes, incluida la prestigiosa gala del Met. Colaboró con ella cuando sacó sus propias colecciones de calzado y de ropa. Mientras tanto, Law también se forjó su propia carrera como estilista de referencia en el mundo de la moda, se convirtió en el diseñador de imagen con millones de seguidores en las redes sociales. Law cuidó, aceptó y animó la actitud fresca e inherente de Zendaya hacia la moda. Él disfrutaba, le decía que era valiente y la dotaba de confianza para desarrollar su propio look y estilo. Sin Law a su lado, la actriz nunca habría tenido la valentía necesaria para defender sus elecciones de moda en los medios y su desinterés por seguir las tendencias, sobre todo al principio de su carrera.

«He llegado a un punto en la moda en el que no me preocupa», explicó Zendaya a PopSugar en 2016. «Uso y hago lo que quiero porque me gusta, porque me hace sentir bien y me da confianza. Solo así puedes hacerlo. Ser el mejor entre los mejores solo se consigue si haces lo que quieres. Si no permites que las opiniones del resto destruyan e impidan ser quien eres».

No obstante, en marzo de 2023, Law sorprendió al mundo de la moda y del entretenimiento cuando anunció que se retiraba. «Mi vaso está vacío», publicó en Instagram. «Gracias a todos los que me han apoyado y han respaldado mi carrera a lo largo de los años. Estoy muy agradecido con todos los que me confiaron su imagen. Si este negocio solo tratara de la ropa, lo haría durante el resto de mi vida, pero por desgracia, ¡no es así! ¡El politiqueo, las mentiras y las falsas narrativas me han superado! Ganaron… Me rindo».

Aclaró su decisión en *British Vogue*: «No digo que me retire del mundo de la moda», explicó a la revista. «Me encanta la moda. Me encantan los negocios, me encanta ser creativo. De lo que me retiro es de la parte de ser estilista de estrellas, de estar al servicio de otra gente. De eso sí me retiro».

Además, explicó en una entrevista con *E! News* que llevaba tiempo siendo infeliz y había sentido la necesidad de alejarse de ese mundo para poder concentrarse en sí mismo y en lo que quería de ahora en adelante. Corrían innumerables rumores de que Zendaya era la razón de esta decisión: en el desfile de Louis Vuitton durante la Semana de la Moda de París, se había visto a Zendaya sentada en primera fila al lado de la actriz y embajadora de Louis Vuitton, Emma Stone, pero no había asiento para Law. Zendaya señaló la silla que quedaba detrás de ella, pero no para que Law se sentara ahí, de hecho estaba diciendo que esa era la silla de su asistente, Darnell. Law aclaró que no se había enojado con Zendaya y que no le parecía que tuviera culpa de nada, que solo se había confundido y no había sabido dónde sentarse. En ningún momento culpó a su «alma gemela en el mundo de la moda» de ese lío. Recurrió a Twitter para calmar las aguas y explicar cómo estaban él y Zendaya en un hilo de tuits: «Si pensaban que voy a romper con Z… ¡lo nuestro es para siempre!», tuiteó Roach. «Es mi hermana pequeña y lo nuestro es amor del bueno, no el amor fingido de este sector».

Law, que tiene más de un millón de seguidores en Instagram, se encuentra en una posición envidiable para decidir a qué va a dedicarse ahora y se plantea explorar nuevas opciones profesionales. Tiene una estrecha relación con diseñadores como Valentino y también abogaba por él el editor de *British Vogue*, Edward Enninful. Al cabo de tan solo veinticuatro horas de anunciar su retiro, se pavoneó por la pasarela de un desfile de Boss en Milán con la súper modelo Naomi Campbell. En una conversación entre bastidores con *Vogue US* sobre esta decisión sorprendente, dijo: «Estoy nervioso y emocionado. Y muy, muy agradecido. Y agradezco que el equipo de Boss me vea como algo más que alguien que se dedica únicamente a vestir a todas estas famosas maravillosas». ¡Zas!

La propia Zendaya no había hecho ninguna declaración pública sobre la retirada de Law. Pero al cabo de pocos días del anuncio, ya volvían a colaborar. ¿Cómo no iban a hacerlo?

«Cuando tenía catorce años, no sabía qué era lo que me fascinaba del mundo de la moda, solo sabía que me encantaba la ropa y que me apasionaba expresar mi personalidad a través de ella», recordó en una entrevista con Refinery29. «Él conectó con eso, me enseñó sobre moda y sobre las marcas… Me impartió un máster».

Por suerte, Zendaya sigue recibiendo sus consejos.

3

Triple amenaza

Triple amenaza (*triple threat*): dícese de la persona que es diestra en tres áreas distintas, en especial del artista que sabe actuar, bailar y cantar.

Diccionario de la Universidad de Cambridge

Debido al éxito vertiginoso de *Shake It Up*, Zendaya se convirtió en una auténtica estrella de Disney, adorada por preadolescentes y adolescentes de todo el mundo. Varias encuestas la señalaron como el mejor personaje de la serie, pero en 2012 ya empezaba a ser percibida como algo más: nada más y nada menos que una potencial triple amenaza. Solo era cuestión de tiempo que pasara a formar parte del grupo de artistas encabezado por su heroína y homónima, Beyoncé, entre las que figuraban otras como Lady Gaga y Jennifer Lopez.

En enero de 2012, se estrenó la primera película de Zendaya. Titulada *Amienemigas*, en esta película de Disney también aparecía su compañera en la serie, Bella Thorne. La película seguía la vida de tres parejas de adolescentes que pasaban de amigos a enemigos y luego volvían a ser amigos. Zendaya y Bella interpretaban a una de esas parejas, Avalon Greene (Bella) y Halley Brandon (Zendaya), quienes creaban una revista en línea llamada *GeeklyChic*. Su amistad se pone a prueba cuando descubren que una casa editorial pretende adquirir su página web, pero quiere que solo una de ellas se quede como editora. Una reseña en la revista *Channel Guide* afirmaba que la película era «un mensaje universal sobre la importancia de la amistad. Todo el mundo se sentirá identificado». Igual que le pasó con Rocky Blue, a Zendaya le pareció fácil empatizar con Halley.

«Halley es una chica súper lista y una gran escritora. Le gusta mucho la moda», detalló a la revista *Glitter*. «Es una buena amiga y un poco tímida si tiene que hablar delante de otras personas. Me sentí identificada porque, como a Halley, me encanta escribir y coincido en muchos de sus gustos».

Las críticas, al menos para Zendaya, fueron prometedoras: «Zendaya interpreta de maravilla a Halley, una chica un tanto friki con un estilo único», la alabó la página web Screen Rant. «Transmite confianza con cualquier cosa que se ponga y en cualquier escena en la que aparezca».

Zendaya ya había salido de su burbuja de *Shake It Up* al dar voz al personaje de Fern en *Los juegos en la Tierra de las Hadas*, la película animada de Disney que se estrenó a finales de 2011. Como le pasó con Rocky y con Halley, Zendaya se identificó con Fern por lo organizada y práctica que era. Disfrutó mucho del doblaje. Fue una experiencia totalmente diferente, en la que solo usó su voz, a diferencia del esfuerzo físico que le suponía *Shake It Up*. Tuvo que transmitir el mensaje de la película y la personalidad de su personaje solo a través de la entonación y el tono. Fue todo un reto, pero Zendaya lo afrontó con ganas, como hacía con cualquier desafío que se le presentara a nivel profesional. También apareció como artista invitada en episodios de otras series de Disney, como *¡Buena suerte, Charlie!*, en la que interpretó a su personaje de *Shake It Up*, Rocky Blue, y en *Programa de talentos*, donde interpretó a una loca súper estrella adolescente llamada Sequoia Jones. En esa época, su carrera como cantante estaba despegando también. La segunda banda sonora de la serie, *Shake It Up: Live 2 Dance*, se publicó el 20 de mayo de 2012 con «Something to Dance For», una canción como solista de Zendaya que se lanzó dos semanas antes.

La segunda temporada de *Shake It Up* terminó en agosto de 2012 con un episodio final de larga duración que se tituló «Hecho en Japón», pero el elenco y el equipo no viajaron al país del sol naciente para rodarlo. Tokio se recreó en el estudio de rodaje de *Shake It Up* en Hollywood, donde se grabó en diez días en febrero de 2012. La trama se centraba en que CeCe y Rocky ganaban una competencia de baile y tenían que viajar a Japón para crear un videojuego. Rocky se moría de ganas de visitar la ciudad e impregnarse de la cultura japonesa, pero CeCe prefería entregarse a los lujos y trampas de la fama. Eso provoca el conflicto necesario entre las dos. Zendaya estaba muy emocionada con este capítulo especial, ya que ella y Bella tuvieron la oportunidad de cantar casi tanto como de bailar, sobre todo en la escena del karaoke. Allí se demostró el rango vocal de Zendaya y su estilo de vestir cada vez más impresionante.

«Hay una gran canción en el episodio final en el que llevo un vestido clásico de Betsey Johnson», explicó a la revista *Seventeen*. «Se combina de forma atrevida con una cazadora mini y unas Doc Martens que se diseñaron expresamente para la película. Tenían cristalitos negros y son lindísimas. ¡Ojalá me las hubiera podido quedar!».

El 21 de agosto de 2012, se estrenó la versión extendida de *Shake It Up: Made in Japan* con tres nuevas canciones y un videoclip. «Fashion Is My Kryptonite» se había publicado el 20 de julio de 2012 como sencillo promocional y su videoclip se lanzó el 3 de agosto de ese mismo año. La banda sonora fue la más vendida de ese año. Gracias al éxito de *Shake It Up*, a Zendaya le ofrecieron un importante contrato discográfico con Hollywood Records, que había sido el sello de artistas como Selena Gomez y los Jonas Brothers. Trabajar en su álbum debut se convirtió en una prioridad y en esta, como en cualquier otra área de su trabajo —y de hecho, también de su vida—, se comportó con el habitual perfeccionismo de virgo. Tenía que estar muy bien hecho y ser la combinación del tipo de música que le encantaba. Quería crear música que de verdad le gustara, así lo explicó en la alfombra roja de los American Music Awards en 2012, y añadió que no estaría satisfecha si publicaba un material del que no estaba orgullosa al cien por ciento. Si a ella misma no le encantaba escucharlo una y otra vez, ¿por qué les iba a encantar a sus fans o a cualquier otra persona? Y tampoco quería que se centrara solo en el dance y el pop. Quería que su música fuera diferente y que apelara a todo el mundo. Quería combinar el hiphop, el rock, el pop e incluso el country. Para la ceremonia de premios, Zendaya experimentó con un nuevo estilo, el retrochic, luciendo una falda de tul hasta las rodillas, una camiseta ajustada con cuello de barco y unas bailarinas que se ataban a los tobillos. Llevaba el pelo recogido en un falso corte *chin bob* que complementaba el conjunto a la perfección.

A pesar de que Bella Thorne interpretaba el personaje protagonista en *Shake It Up*, la verdad era que Zendaya se estaba convirtiendo en la más conocida y brillante. Quedó demostrado cuando apareció en la edición de Hollywood de *Teen Vogue* de septiembre de 2012 en el reportaje «Estrellas en auge». Se acompañaba una breve sinopsis de su carrera hasta la fecha con fotografías alucinantes ambientadas en una mezcla entre el mundo circense y el lejano oeste. Esbelta y escultural con sus 1.78 metros, Zendaya bien podría haberse confundido con una top model.

«¡El mejor regalo de cumpleaños que me han hecho nunca!», publicó en Twitter y en Instagram sobre el hecho de que la incluyeran en ese grupo selecto. Con dieciséis años, Zendaya estaba tan emocionada de ver que formaba parte de esa lista que compraba casi todos los ejemplares que pasaban por sus manos hasta que su madre logró detenerla. Con unas uñas inspiradas en Chanel, brilló en la alfombra roja de la fiesta Young Hollywood organizada por *Teen Vogue*, otro ejemplo de su habilidad para lucir con estilo una falda larga y plisada, dorada y vintage, con una camisa blanca. Zendaya atrajo todas las miradas. Impresionó a todo el mundo con su halo de sofisticación moderna, que la hacía parecer mucho más madura para su edad. Esta era una Zendaya muy distinta a la que reía, emocionada y exultante de vida y entusiasmo, dispuesta siempre a contentar a todo el mundo tan solo dieciocho meses antes. Esta, se intuía, era la Zendaya de verdad, o como mínimo sus inicios. Más tarde declararía que cuando empezó su carrera en Disney había tenido que fingir y tratar de ser quien creía que tenía que ser en vez de ser ella misma.

«Tenía la sensación de que tenía que ser como Rocky», comentó en 2017 mientras miraba antiguos videos suyos en

YouTube y enterraba la cabeza en sus manos, avergonzada. «Todo aquello de "Soy Zendaya y aquí solo hay sonrisas y felicidad…". Creé un alter ego y era repugnante. Falsísimo».

Quizá ahora visto en retrospectiva, pero no lo había parecido en aquella época. La Zendaya del presente tal vez estaba siendo demasiado dura consigo misma. ¿Qué adolescente de su edad, encandilada por el prestigio que suponía ser una estrella de Disney desde pequeña y entusiasmada por lo que estaba pasando en su joven vida no hubiera reaccionado de esa forma? Sin embargo, ahora que tenía dieciséis años y era una de las «promesas» de *Teen Vogue*, tal vez, en el fondo, la novedad de haber sido una niña Disney empezaba a perder parte de su encanto original. Estaba madurando y aspiraba —algo muy propio de Zendaya— a afrontar nuevos retos y sacar el máximo provecho de todo su talento. Comenzaba a definirse como una estrella brillante, pero continuó demostrando que seguía siendo la hija de dos padres sensatos y humildes.

«Creo que el mayor elogio que he recibido a lo largo de mi carrera es que la gente me diga que tengo los pies en la tierra y que soy humilde», confesó a la revista *Glitter*. «Me hace sentir muy bien… ¡No quiero que se me considere nada más que eso!».

La grabación de la tercera temporada de *Shake It Up* seguía adelante, y no terminó hasta marzo de 2013. A pesar de su carrera floreciente como cantante y de haberse convertido en un icono de la moda, cuando la entrevistaban, Zendaya seguía mostrándose tan entusiasmada con la serie y con Rocky Blue como siempre.

«Es un personaje maravilloso y me encanta», afirmó en la revista *Glitter*. «Es una suerte estar en *Shake It Up* y me considero afortunada de poder trabajar con gente tan buena y talentosa».

Los fans de Zendaya, los Zswaggers, le habían hecho tanto a ella como a su simpático personaje un hueco en su corazón. Tanto, que su libro *Between U and Me: How to Rock your Tween Years with Style and Confidence* se publicó en 2013. Era una especie de guía en la que Zendaya compartía sus conocimientos y consejos sobre muchos temas, desde la moda hasta la amistad, cuestiones familiares, cómo cumplir tu sueño y, por supuesto, asuntos del corazón.

«Quería escribir algo que pudiera ser útil de verdad», explicó a MTV mientras promocionaba el libro, para el cual se había inspirado en las preguntas reales que había recibido de sus millones de seguidores en Facebook, Instagram y Twitter. «Lo puedes ir consultando».

Quería llegar a la población adolescente que la veía en televisión y que la consideraba un modelo a seguir. La preadolescencia y la adolescencia son incómodas: ya no eres una niña, pero tampoco una adolescente en efervescencia. Hablar con los padres está bien, pero a veces no parecen recordar que ellos también tuvieron doce o trece años.

«Quería ayudar, si podía, con aquellas cosas que tienen que afrontar los jóvenes», confesó Zendaya en muchas entrevistas publicadas sobre el libro. «Cosas de la escuela y también cosas más serias. Es una especie de guía escrita con mis propias palabras, es muy natural y da la sensación de que hablo con el lector. No es incómodo, sino muy personal. Trata sobre mis propias experiencias. Tengo la sensación de que tuve una buena experiencia. Era una niña normal que iba a la escuela y me pasaba lo que le pasa a todo el mundo. Intento ser como una hermana mayor».

A pesar de que hasta julio de 2013 Disney no anunció de forma oficial que no habría una cuarta temporada de *Shake It Up*, desde marzo corrían los rumores de que se cancelaría la serie. No se había anunciado fecha de inicio de las grabaciones y además el canal tenía fama de eliminar series de éxito al cabo de unas cuantas temporadas. *¡Buena suerte, Charlie!* es solo un ejemplo de ello. Otros artistas jóvenes hubieran usado ese tiempo para dormirse en sus laureles, ir a la alberca o a la playa y salir de fiesta. Pero Zendaya no. Decidió usar los meses en los que habría estado grabando la siguiente temporada de *Shake It Up* para empezar algo completamente nuevo. Además de estar ocupada grabando su álbum debut, firmó para la decimosexta temporada del programa *Bailando con las estrellas,* en ABC. Con dieciséis años, era, en esa época, la concursante más joven que había participado en este programa de gran audiencia.

«Quiero probar cosas nuevas y ver qué pasa», explicó a *Access Hollywood*. Zendaya era bailarina, pero de hiphop. Los bailes de salón son una disciplina totalmente distinta. Era justo lo contrario a lo que estaba acostumbrada. No solo tendría que aprenderse cada género desde cero, sino también desaprender lo que ya sabía. La emparejaron con el bailarín ucraniano campeón del mundo, Valentin «Val» Chmerkovskiy, quien se había unido al programa dos temporadas antes. Le encantó que la hicieran ir con él. Había hecho una temporada previa excelente en el programa y había terminado tercero. Zendaya tenía una buena pareja de baile. Una de las mejores.

A Val también le encantó que lo emparejaran con Zendaya: «Estaba muy emocionado», dijo en una entrevista para el programa. «Empezamos con "Hola, me llamo Val" y seguimos a partir de ahí. Poco a poco, quiero decir. Sabía que tenía experiencia en el mundo de la actuación, pero es un género muy distinto al que hacemos nosotros y le estoy enseñando ciertos ángulos y momentos de liberación, dejamos que vaya surgiendo de forma orgánica».

Cuando Val le preguntó a Zendaya si le intimidaba ser la más joven del programa, ella admitió que un poco, porque se sentía como la niña más pequeña del patio de la escuela. Val le aseguró que daba igual si tenía dieciséis años como treinta y seis: no había nada que temer. Al más puro estilo Zendaya, absorbió todo lo que le enseñaba y se lo llevaba a casa, donde practicó y ensayó una vez tras otra. Estaba decidida a demostrar que, aunque era la más jovencita, era tan buena como cualquier otro participante. Daba vértigo, pero se entregó en cuerpo y alma, se dejó la piel y lo hizo tan bien como pudo. Val le aportó la seguridad que necesitaba. Quedó muy impresionado por su dedicación y su ética profesional, le decía que era fantástica y que tenía mucho potencial. Y no le faltaba razón. Zendaya fue un exitazo desde el primer día. Ella y Val encabezaron el marcador durante las primeras tres semanas de competencia y Val la definió como «una aprendiz increíble y maravillosa que tenía mucho talento, energía y capacidad de concentración».

Los jueces estaban igual de impresionados, Carrie Ann Inaba comentó que Zendaya era una bailarina fantástica con una madurez inesperada para una adolescente de dieciséis años. «Ha nacido una estrella, ¡sin duda!», exclamó Bruno Tonioli tras una coreografía de jive muy difícil durante la segunda semana de la competencia, y con la que Zendaya ganó los primeros «nueves» de la temporada. Se esforzó para aprender nuevos bailes como la samba, el quickstep, el foxtrot y la salsa. Aprender y perfeccionar un nuevo estilo de baile y una coreografía compleja, bailarla en directo cada semana y esperar las votaciones del público era estresante. Además, a veces Val podía ser un profesor muy duro. Más tarde, admitió que había sido autoritario y estricto con Zendaya y que en un momento dado le contradijo todos los movimientos mientras daba palmas para enfatizar lo que le decía, y eso provocó que se impusiera el silencio. Sin embargo, tenerlo de pareja fue la clave de su éxito. Val tenía fama de ser un profesor duro, de criticar sin compasión y de esperar lo mejor de lo mejor. Aunque este enfoque no habría funcionado para todos los participantes del programa, para Zendaya fue efectivo debido a su increíble ética profesional y su personalidad perfeccionista. Val no solo quería que fuera buena, quería que fuera alucinante. Cada semana. Y sabía que Zendaya era capaz de hacerlo.

«Zendaya tenía un don especial y las personas que lo tienen, tienen el listón más alto», escribió en 2018, en sus memorias *I'll Never Change My Name*. «El listón no lo ponía el mundo de fuera, sino la propia Zendaya, debido a su talento. Pero no era el talento lo que le permitió triunfar, sino su deseo de aprovechar al máximo ese don».

Zendaya aceptó las estrictas técnicas de enseñanza de Val, su implacable disciplina en los ensayos y su deseo de ver que lo hacía bien. Sin embargo, el duro estilo de enseñanza de este bailarín profesional no siempre le parecía adecuado al padre de la actriz.

«"Quise matarte, amigo", me dijo Kazembe más adelante», escribió Chmerkovskiy en *I'll Never Change My Name*. «"Nunca había oído a nadie que le hablara a mi hija de esa forma. Solo yo le hablo así. Pero no podía criticarte ni decirte nada porque, ¿sabes qué?, eso es justo lo que le habría dicho yo también. Le decías el tipo de cosas que le digo yo"».

Zendaya estaba cambiando. Estaba tomando las riendas de su destino en lugar de confiar en los consejos de los demás. Kazembe confesaría más tarde que cuando Zendaya fichó para *Bailando con las estrellas* fue la primera vez en su carrera que su hija le dijo que no quería hacer nada más mientras participara en el programa. Quería ofrecerle su absoluta dedicación. Honestamente, era poco probable que pudiera dedicarse a otros proyectos. Aún tenía que estudiar, había momentos en los que se quedaba dormida mientras hacía tarea porque estaba exhausta después de aprenderse coreografías complicadas, de ensayar y de actuar. No tenía días de descanso, pero siguió adelante. A pesar de que la presión de la competencia aumentaba cada semana, Zendaya se mantuvo firme sin perder su autenticidad. Consciente de que sus miles y miles de fans adolescentes la verían competir, impuso unas cuantas normas desde el principio. Se negó a dejar que le broncearan la piel e insistió en poder opinar sobre el vestuario.

«Se enseña mucha piel en el programa», explicó Zendaya a *HuffPost Live*. «Quería asegurarme de que lo que me ponía era apropiado porque hay muchas niñas que me ven y quiero que vean que puedes estar preciosa sin tener que enseñarlo todo».

A medida que el programa avanzaba, Zendaya y Val a menudo se disputaban el primer puesto con la cantante de country Kellie Pickler y el bailarín profesional Derek Hough, a veces quedaban primeros y otras, segundos. Tres parejas compitieron entre sí en la final de *Bailando con las estrellas* del 21 de mayo de 2013: Zendaya y Val, Kellie y Derek y el jugador de la NFL Jacoby Jones y su pareja de baile profesional, Karina Smirnoff.

La madre de Zendaya, Claire, no podía disimular el orgullo que sentía ante el logro de su hija: «Cuando sale a la pista de baile, cobra vida», dijo en una entrevista con el programa. «Irradia todas sus emociones de una forma muy natural. Me siento muy orgullosa cada vez que la veo».

Mientras fueron pareja de baile, se creó un vínculo muy profundo entre Zendaya y Val. «Este chico es mucho más que una pareja de baile», dijo Zendaya en una entrevista en vísperas de la final. «Es una inspiración, un modelo a seguir, un maestro, pero sobre todo es familia. Conseguí el mejor hermano mayor que podía pedir. Siempre me cubre las espaldas y no me deja caer… literalmente».

No obstante, un incidente durante los ensayos de la primera vuelta de la final casi pone en peligro la pareja ideal que formaban Zendaya y Val. Poco antes de que se emitiera el programa, Zendaya le dio un codazo sin querer a Val justo encima de su ojo derecho causándole un tajo profundo. Necesitó catorce puntos.

«Son cosas que pasan», explicó Val. «Me han dado muchos golpes en la cara. Me preocupaba no poder bailar por temas legales. Pero estoy bien. Estoy bien y quiero que Zendaya disfrute del momento y se concentre en sí misma».

Zendaya se deshizo en disculpas, pero también le vio el lado divertido y bromeó: «Ahora seguro que no me va a olvidar: cada vez que se mire en el espejo y vea la cicatriz, se acordará de mí».

En la segunda vuelta de la final, Jones y Smirnoff fueron los primeros expulsados, lo que dejó a Zendaya y Val y Pickler y Hough compitiendo por el primer puesto. Ambas parejas bailaron un jive, pero fueron Pickler y Hough quienes se proclamaron campeones y alzaron el trofeo. Aunque quedó decepcionada, Zendaya volvió a demostrar una sabiduría superior a su edad y aceptó la derrota con elegancia.

«Sé que es solo el comienzo», apuntó en su entrevista final en el programa después de obtener la plata. «Nunca lo veo como el final o algo negativo. Solo es un impulso para que continúe con mi música y todo lo demás. Así que me parece un inicio fantástico».

También rindió homenaje a sus fans: «A lo largo de este proceso, mis fans han estado siempre a mi lado», explicó a *Access Hollywood*. «Siempre que me sentía alicaída y estresada con la competencia, miraba mis menciones en Twitter y leía todos esos comentarios maravillosos que escribían mis fans».

Más tarde reveló que quería que sus fans más jóvenes supieran que no todo en la vida es ganar. Que la experiencia de *Bailando con las estrellas* le había enseñado muchísimas cosas, lecciones de vida que la acompañarían siempre.

Fue Val quien pareció más decepcionado con el resultado. «Se ha esforzado tantísimo, quería que levantara el trofeo y le sirviera para arrancar su carrera. Y que no lo hiciera me partió el corazón», escribió en *I'll Never Change My Name*. «Ojalá pudiera retroceder y tener otra oportunidad en esa temporada. Pero a pesar de eso su carrera tomó impulso. Entonces es cuando te das cuenta de que no todo depende de ganar o perder, sino de aprender del proceso y de usar esas herramientas para seguir avanzando».

Para Zendaya, el camino se volvió abrupto cuando, en julio de 2013, Disney anunció de forma oficial la cancelación de *Shake It Up*. Claro que ella sabía que tarde o temprano se acabaría, pero por su manera de ser prefirió centrarse en lo positivo.

«Nada dura para siempre», explicó a *HuffPost Live*, «por eso tienes que seguir reinventándote y hacer cosas nuevas».

Zendaya sabía que, pasara lo que pasara en el futuro, tenía una buena red de apoyo: su familia. También sabía que la transición de ser una niña Disney a una estrella adulta podía ser muy dura.

«Creo que la transición de cada persona es distinta», aclaró a *HuffPost Live*. «Pero no estoy haciendo ninguna transición, solo estoy creciendo. Se trata de tener ese apoyo y rodearte de buenas personas, y yo lo tengo. Soy buena chica. No tengo que preocuparme por si me meto en problemas. Solo intento transmitir esa bondad a las nuevas generaciones».

El círculo íntimo de Zendaya siguió tan unido como siempre. Y ella continuó deslumbrando en las alfombras rojas y apareciendo con regularidad en las listas de «Mejor vestidas», pero no era fiestera y, en el fondo, se mantuvo fiel a la chica familiar que siempre había sido, sin distraerse ni desviarse de su camino. Además, como era muy perspicaz, a menudo calaba a la gente a la primera. Y para eso también estaban sus padres. Por supuesto, ambos la protegían y le proporcionaban una red de apoyo estable y estrecha.

Tenía muchas cosas que agradecer a *Shake It Up*, de hecho, prácticamente todo. Sin embargo, con el éxito de su vida profesional, se propagaron los rumores de una relación. A pesar de que se había negado a darse un beso en los labios en *Shake It Up,* porque decía que aún no se había besado con nadie en la vida real, había rumores de que durante los tres años que había interpretado a Rocky se la había visto muy «unida» a varios coprotagonistas masculinos. Oficialmente, no tenía permitido tener citas hasta que cumpliera los dieciséis, algo que más tarde diría que había sido positivo. Pero según la página web Heightline, Adam Irigoyen, quien había interpretado a Deuce Martinez en *Shake It Up*, fue su primer novio. College Candy afirmó que su relación —si se le puede llamar así, ya que Zendaya solo tenía trece años y Adam era un año menor— duró dos años, pero tal vez solo eran las ilusiones de sus fans, que querían creer que dos de sus estrellas de televisión favoritas eran pareja en la vida real. Heightline también relacionó a Zendaya con Leo Howard, quien interpretaba a Logan Hunter en la serie. El personaje de Leo, Logan, salía con Rocky y quizá por eso se planteó que Zendaya y Leo fueran pareja en vida real. Si alguna vez lo fueron, se piensa que la «relación» habría durado solo unos meses. De nuevo, fue desde Heightline que se especuló sobre la siguiente pareja de Zendaya. No era un actor de *Shake It Up*, sino el actor, rapero, cantante, compositor y bailarín Trevor Jackson, quien también era, a su vez, una triple amenaza. Según esta página web, Zendaya lo conoció dos años antes de que empezaran a salir en 2013 y su relación duró hasta 2017. Esta especulación en concreto resultó ser cierta.

Muy celosa de su vida privada —la única vez que se había referido a ella fue cuando bromeó sobre que cualquier posible pretendiente primero se las tendría que ver con su padre y sus hermanos, antes de que pudiera desarrollarse cualquier tipo de relación—, Zendaya quiso concentrarse en su carrera. Su primer sencillo «Replay» de su álbum debut titulado *Zendaya* se publicó el 16 de julio de 2013. La canción llegó al número 40 de la lista Billboard Hot 100 y fue certificada como platino por la Recording Industry Association of America. El disco se publicó el 17 de septiembre de 2013 y debutó en la lista Billboard 200 en el número 51, vendiendo 7,458 copias en su primera semana.

«Estoy creando mi música y mi propio camino como artista», declaró a MTV. «Quiero hacer pop rítmico, pero sin caer en los clichés de la canción pop. Tiene un poco de estilo urbano, algo más hiphopero, que le da un toque diferente y hace que no sea la típica música pop».

Para promocionar el disco, Zendaya actuó en varios programas de televisión y salió de gira por Norteamérica de junio a diciembre de 2013.

Por esa época, el tema de la universidad se convirtió en un problema en casa de los Stoermer-Coleman. Zendaya se graduó en la preparatoria Oak Hill en 2015, a pesar de haber terminado casi toda su formación mientras rodaba la serie. Profesora nata, Claire quería que su hija fuera a la universidad, pero Kazembe tenía sus dudas. Defendía que los jóvenes van a la universidad para obtener las cualificaciones que les garantizarían un buen trabajo, pero Zendaya ya tenía una carrera fantástica y unas perspectivas de futuro maravillosas. ¿Por qué iba a interrumpir eso para ir a la universidad durante tres o cuatro años y estudiar una carrera? La experiencia le había enseñado que si Zendaya se alejaba del mundo del espectáculo durante tanto tiempo, cuando quisiera volver, tal vez sería demasiado tarde. Su momento habría pasado. También sostuvo que en el trabajo, Zendaya se rodeaba de expertos en su campo: empresarios de éxito y con mucho talento, agentes, directores de películas, productores y creativos de televisión. ¿No era mejor aprender directamente de estos profesionales de primer orden? Además… Zendaya había recibido ofertas muy prometedoras. A diferencia de su compañera en *Shake It Up* Bella Thorne, ella había decidido no cortar los lazos con Disney. En agosto de 2013, Zendaya había sido elegida para interpretar a Zoey Stevens, una adolescente de dieciséis años protagonista de la película original de Disney Channel *Zapped*. Unos meses después, en noviembre de 2013, la eligieron como protagonista de un piloto para el mismo canal titulado *Super Awesome Katy*. No obstante, el título no se mantuvo. ¿Por qué? A Zendaya no le gustaba, igual que tampoco estaba satisfecha con otros detalles de la producción. Y como ya empezaba a ostentar cierto poder en la industria, lo que ella dijera, era indiscutible.

COMER (Y BEBER) AL COMPÁS

Cuando se trata de comer y beber, Zendaya es una vegetariana abstemia, aunque muy glotona. La primera vez que se planteó ser vegetariana tenía tan solo once años. Había pasado por delante de un matadero mientras iba en coche con su padre y la horrorizó que los animales estuvieran esperando a que los mataran para que los humanos pudieran comérselos. Fue un momento revelador: cobró conciencia de dónde procedía la carne que terminaba en su plato y en la hamburguesa. Sin embargo, a pesar de que estaba más concientizada sobre el tema, no se volvió vegetariana oficialmente hasta que vio el documental de 2012 de PETA, *Glass Walls*, una producción narrada por el músico Paul McCartney y popularizada por la frase: «Si los mataderos tuvieran las paredes de cristal, todo el mundo sería vegetariano». Durante los primeros días —o más bien noches— tras haber decidido volverse vegetariana, tuvo pesadillas vívidas con hamburguesas y platos de carne que le llovían del cielo, algo muy parecido a lo que pasa en el libro y en la película *Lluvia de hamburguesas*.

Sin embargo, no pasó mucho tiempo hasta que sus sueños se volvieron un lugar libre de salchichas y bistecs y dejó de tener antojo de carne y pescado. No le gustaba el sabor, ni siquiera recordarlo. Dijo que la hacía sentir rara, aunque de vez en cuando aún echaba de menos las famosas hamburguesas de pavo de su madre. A los diecisiete años, Zendaya recibió otro premio cuando la eligieron la vegetariana más sexy de PETA.

No obstante, ser vegetariana no siempre fue un camino de rosas. ¿Por qué? Porque las verduras y las ensaladas no le gustaban especialmente. Se dice que siguen sin entusiasmarla, además, tampoco le gusta cocinar —más allá de un plato de pasta con aguacate, que se inventó un día cuando solo le quedaba una triste pieza en el refrigerador—. Zendaya suele pedir comida a domicilio cuando está en casa por la noche.

«Primero porque no me gusta seguir instrucciones y segundo porque soy muy perezosa», explicó a *Harper's Bazaar*. «También es por una cuestión de tiempo. Pido comida a domicilio. Puedo comer lo que quiera, esta es la gracia. Si quiero cenar mi plato favorito, paso directamente al helado. De hecho, tengo muchas discusiones con mi asistente por eso. Me dice que no debería hacerlo».

¡Ay, que a esta chica le encanta el helado! Sobre todo el de sabor a café. «Pobre de aquel que se interponga entre mi Häagen-Dazs y yo», ha tuiteado en alguna ocasión. Tal vez su gusto por el helado no sea sorprendente, dada su capacidad de morder helado con los incisivos y no sentir ningún dolor. Dice que cualquiera que pase tiempo con ella empieza la «dieta Zendaya», es decir, helado a diario. A veces, incluso para desayunar. Y es que la actriz no es una gran fan de los desayunos. Cuando lo toma, es porque se lo pide su asistente Darnell y suelen ser hot cakes, frutos del bosque y —adicta al chocolate como es— Nutella. Pero nunca le ha gustado echar miel de maple a los hot cakes, prefiere la mantequilla.

Hasta hace poco, su plato favorito para comer eran los fideos instantáneos de microondas con salsa picante, pero dejó de tomarlos cuando se dio cuenta de que la salsa contenía pollo. Ahora su almuerzo favorito, rápido y fácil de hacer es una ensalada vegetal de arroz, en la que mezcla arroz integral instantáneo, caldo vegetal, aceite de oliva y hortalizas salteadas —cebolla, calabacín, setas y zanahorias— con jugo de limón, sal y pimienta. Eso cuando se acuerda de almorzar: «Sé que está fatal, pero como trabajo tanto, a veces me olvido de comer. Voy picando durante el día, sobre todo si estoy en el plató de rodaje», confesó a *Harper's Bazaar*. También le encanta la lasaña vegetal de su madre, pero ¿a quién no le gusta la comida casera?

Ya se habrá ido de Oakland, pero continúa haciendo honor a sus raíces como nadie: le encanta la comida rápida. En su página web, Zendaya.com, publicó su guía vegetariana de comida rápida en el año 2020, que parece una oda a los sitios más populares de Estados Unidos donde se pueden comer este tipo de platos.

«¿Crees que por ser vegetariano no puedes ir a cualquier sitio de comida rápida y pedir lo que te apetezca? ¡Pues te equivocas!», rezaba la publicación. «Muchos días pido comida rápida y he descubierto la forma de seguir mi dieta vegetariana prácticamente en cualquier parte».

En el In-N-Out Burger, recomienda pedir la hamburguesa de queso fundido (no lleva carne, solo rebanadas de queso fundido) con cebollas a la parrilla, extra de salsa y papas fritas al *animal style* (también con salsa y cebollas y queso fundido), y añade: «Las cebollas a la parrilla son el complemento perfecto y aunque las papas *animal style* son una cochinada, están deliciosas». En Chick-Fil-A, Zendaya opta por la ensalada Spicy Southwest sin pollo; del Panda Express elogia los rollitos primavera de vegetales y las verduras salteadas; el bocadillo Veggie Delite es su opción preferida en Subway, y en Chipotle se «prepara su propio bol de ensalada con arroz blanco, cilantro y lima, alubias negras, lechuga romana, guacamole, queso y salsa de tomate: ¡no tengo palabras para esa mezcla de sabores! ¡Buenísimo!».

Para cubrir la ingesta diaria de vitaminas y minerales, Zendaya toma un combinado multivitamínico y un suplemento de omega-3 por sus beneficios cardiovasculares.

En cuanto a las bebidas, nunca ha bebido alcohol, ni siquiera el día que cumplió veintiún años, en septiembre de 2017, que es la edad a partir de la cual está permitido en Estados Unidos. Nunca le ha interesado y dice que no tiene intenciones de hacerlo. Siempre le ha parecido que su vida ya es bastante estresante y no ve cómo un coctel la ayudaría a relajarse. Para ella es importante mantener la cordura en todo momento y no correr el riesgo de perder el control o tomar malas decisiones. Tampoco quiere que la bebida se convierta en un vicio. Su opinión siempre ha sido: «¿Por qué iba a probar algo que no necesito?». Tampoco la verás bebiendo jugos verdes ni agua caliente con limón. Le gustaban y aún le gustan los jugos normales y la limonada, de preferencia, caseros. Y el agua, por supuesto. Pero nunca toma bebidas energéticas, refrescos ni café. Y le encanta el té matcha con leche de coco. ¿A quién no?

4

Una heroína

Para mí, los rizos son un símbolo de fortaleza
y belleza, como la melena de un león.

**Zendaya, después de la gala de los
Oscar, en febrero de 2015**

En una entrevista en 2017 con la revista *Vogue*, Kazembe
Coleman ofreció un ejemplo singular de la férrea determinación que su hija tenía integrada desde que era solo una niña.
Recordó el Día de Acción de Gracias de 1998, cuando la
pequeña Zendaya, con solo dos años, había estado dando
guerra en casa de su abuela. Como no aflojó, ni cedió, ni
empezó a comportarse, Kazembe anunció de golpe que se
iban a casa. «Nos alejamos una manzana entera antes de
que por fin cediera», recordó. «Solo tenía dos años. Y ya era
dura de pelar».

Esta perseverancia innata queda aún mejor ilustrada en
la forma en que Zendaya negoció con Disney Channel cuando le ofrecieron el papel protagonista en la nueva serie *Super
Awesome Katy*. Disney propuso que Katy fuera una estu-

diante de preparatoria que seguía los pasos de sus padres, quienes parecían normales pero eran, en realidad, espías. A Zendaya le interesó. Todavía no estaba lista para dejar el mundo estable que le había proporcionado Disney Channel, además de la premisa básica de que la serie prometía. Sin embargo, Zendaya dejó claro desde el principio que solo se plantearía aceptar el papel si se cumplían ciertas condiciones, bastante específicas, en referencia a la naturaleza y la personalidad de su personaje: no quería que fuera otra Rocky Blue. Sospechaba que al cabo de unos cuantos episodios los productores y los guionistas harían que la chica descubriera de repente que sabía cantar o bailar, así que se aseguró de que el personaje no pudiera cantar, bailar ni hacer nada artístico. Una protagonista adolescente podía tener otras capacidades distintas y ella quería tenerlas. Debía ser una chica lista —un poco cerebrito, matadita, poco popular y socialmente torpe, tal vez una experta en artes marciales que pensaba con rapidez—. Cualquier cosa que pudiera hacer un chico, ella también podría. Tenía que ser una chica normal, pero con una vida secreta alucinante.

Zendaya apuntó todas sus ideas, quería crear la versión que se imaginaba en su cabeza. Exigió un cambio de nombre para Katy, argumentando que una chica mestiza nunca recibiría un nombre así. «¿Tengo pinta de llamarme Katy?», preguntó a los ejecutivos de Disney. «¡Hay que cambiarlo!». Pero Zendaya no había terminado, de hecho, ¡no había ni empezado! Insistió en que en la serie apareciera una familia de color. Sabía lo importante que había sido para ella, de pequeña, ver una serie como *Es tan Raven* en televisión. Como joven de origen interracial, le había costado encontrar personajes que se parecieran a ella en televisión o que tuvieran una familia como la suya, y sabía que para los niños como ella seguía siendo difícil. Zendaya creía que era esencial ver diversidad en Disney Channel. En pocas palabras: o Disney accedía a lo que ella quería o no aceptaría el papel. Creía que ya era hora de que el canal empezara a reflejar cómo era la vida de verdad en las calles, pueblos y ciudades de Estados Unidos.

«Me daba la sensación de que no teníamos otra opción», explicó más tarde Zendaya en una entrevista con *Glamour*. «Fue como: "Si quieren que lo haga, tiene que ser así". Tiene que haber una familia negra en Disney Channel. Mucha gente que no es de color no termina de entender cómo es crecer sin ver referentes como tú en los medios de comunicación. Queda mucho trabajo por hacer. Ya he hablado de este tema, pero ¿puedo afirmar que estaría donde estoy si no fuera una mujer negra con la piel más clara? No».

Y por último, pero no menos importante, Zendaya insistió en formar parte de la producción de la serie: así se aseguraría de que tendría voz y control del contenido. Aún no había cumplido los diecisiete. Era increíble ¡y alucinante! La perspectiva de exigir cosas tan serias a una corporación tan grande habría intimidado a estrellas mucho mayores que ella. Pero Zendaya, como había demostrado una vez tras otra, era una fuerza a tener en cuenta. Negociar con tanta habilidad con personas mucho más poderosas y mayores que ella no parecía afectarla ni una pizca. ¿Por qué no se amilanó ante esos (en su mayoría) hombres blancos, de mediana edad y ejecutivos? Gracias a la confianza innata que había heredado de sus padres, Claire y Kazembe, quienes la habían educado para que fuera una joven fuerte, comprensiva y compasiva, sin dejar de ser ella misma, porque con eso era más que suficiente. Sin embargo, esta confianza no fue algo que adquiriera de la noche a la mañana.

«Creo que las cosas no pasan porque sí», comentó para la página web Complex en 2015. «No deberías desanimarte si te despiertas y no te sientes de maravilla contigo misma. No siempre funciona así. Es un proceso que se va desarrollando. Cada uno va a su propio ritmo… Siempre que aproveches cualquier oportunidad para enamorarte y aprender un poco más sobre ti misma cada día, lo estarás haciendo bien».

Para Zendaya, quererse a sí misma no es narcisismo, más bien es algo que no es negociable.

«Yo diría que el consejo número uno es saber que no pasa nada por quererse a una misma», explicó a PopSugar en 2016. «No es malo. La gente quizá piensa que es de presumidos, de arrogantes o de egoístas, pero no, no es eso. Quererte a ti misma está bien. Puedes quererte a ti misma primero. Es a quien se supone que deberías querer».

Mujer de negocios espabilada, Zendaya era plenamente consciente de su valía y su valor como actriz. Había sido estrella de Disney durante casi cuatro años. Sabía el poder que tenía al alcance. Además, hablar en nombre de sus millones de fans y seguidores le añadía un extra de autoridad. Pero no era una estrategia calculada y egoísta a nivel profesional, sino que lo hacía por la sociedad cada vez más diversa, convencida de que debía estar representada en los medios convencionales.

«Mucha gente no se da cuenta del poder que tiene», enfatizó más tarde en la revista *Cosmopolitan*. «Tengo muchos amigos que dicen que sí a todo o que tienen la sensación de no poder alzar la voz en ciertas situaciones. No: el poder lo tienes tú».

Los ejecutivos accedieron a las exigencias de Zendaya. Se cambió el nombre de la serie a *Agente K.C.*, y el personaje de Zendaya se convirtió en Katrina-Charlotte Cooper, de ahí las iniciales K.C. Podía hacer aportaciones sobre el contenido, incluyendo una futura trama sobre la controvertida política policial de cacheos, asegurándose que llegara a los niños y niñas. Se empezó a grabar a principios de 2014, y se confirmó la primera temporada para mayo. Un mes después, se estrenó *Zapped*, la película que Zendaya había grabado con Disney el año anterior. En esta película, el personaje de Zendaya, Zoey, lucha por adaptarse a su nueva escuela y a la vida con su nuevo padrastro y sus hermanastros. Pero todo cambia cuando una aplicación de adiestramiento de perros de su celular comienza a controlar a los hombres y chicos que la rodean. En resumen, la magia de Disney convierte el teléfono de Zoey en un adiestrador de chicos, lo que le permite controlar sus acciones y comportamiento. Zendaya elogió la película en los medios, pero las críticas fueron mediocres.

«Zendaya interpreta a una estudiante de preparatoria con la seriedad de una licenciada. Incluso cuando manipula a otros para que hagan su voluntad, no parece ni un poquito emocionada», escribió *The New York Times*. «Por supuesto, cuando todo el mundo se comporta como Zoey quiere, sus vidas empiezan a venirse abajo, lo que causa estragos para la protagonista. La película es, sobre todo, un vehículo para Zendaya, un paso más hacia su omnipresencia inminente. Poco después fue contratada para interpretar a Aaliyah en su película biográfica y nombrada embajadora de Material Girl, la línea de ropa que dirigen Madonna y su hija Lourdes».

En efecto, Zendaya había firmado para ser la cara visible de Material Girl en junio de 2014. Habló de la confianza de Madonna y de su capacidad de arriesgar y de cómo era capaz de marcar tendencia y hacer cosas que otras personas no se atrevían. Era algo que Zendaya intentaba emular —y lo estaba consiguiendo—. Le encantaba la ropa de la que era modelo y conocer a la *material girl* original, Madonna, fue la cereza del pastel. Zendaya y Lourdes tenían la misma edad, solo se llevaban un mes, así que Zendaya era perfecta para la línea dirigida a adolescentes. «Creo que son muy divertidas y modernas», dijo sobre las piezas. «Y no solo eso, sino que también hay prendas de muy buena calidad a un precio muy asequible».

Sin embargo, la película biográfica sobre Aaliyah no llegó a materializarse. Considerada una de las cantantes más influyentes de la historia del R&B, Aaliyah alcanzó rápidamente la fama a principio de los años noventa. Apodada la princesa del R&B, vendió unos treinta y dos millones de discos por todo el mundo y recogió muchos premios prestigiosos. Pero su vida terminó trágicamente en un accidente de avión a los veintidós años, en agosto de 2001. Teniendo en cuenta su legado en la industria de la música, solo era cuestión de tiempo que su biografía se llevara a la gran pantalla. El guion se basaba en el libro *Aaliyah: More Than a Woman*, escrito por Christopher Farley. Zendaya iba a grabar cuatro de las canciones de la película además de interpretar la vida y el legado de la cantante de «Back and Forth». En un principio, Zendaya aceptó encarnar a la difunta estrella, pero se retiró antes de que empezara la producción. Según la prensa, tras el anuncio de que Zendaya tendría el papel protagonista, la familia de Aaliyah se opuso al proyecto y Zendaya lo abandonó. Corrió el rumor de que a la familia de Aaliyah le parecía que Zendaya tenía la piel demasiado clara para el papel. También los fans de Aaliyah protestaron por la elección, ya que consideraban que Zendaya no tenía el talento suficiente para interpretar a su heroína. Finalmente, Zendaya aclaró las razones por las que había decidido retirarse de la película. En Instagram, explicó su posición: «Dejen que les explique una cosa. La razón por la que decidí no participar en la película sobre Aaliyah no tiene nada que ver con los *haters* o con la gente que dijo que no sería capaz de hacerlo, de que no tenía suficiente talento o de que mi piel no era lo bastante oscura. No tuvo nada que ver con eso. La razón principal es que no existía presupuesto para la producción».

También hubo complicaciones con los derechos de la música y Zendaya consideró que no se había gestionado con el cuidado necesario, dadas las circunstancias. Trató de hablar con la familia y les escribió una carta, pero no recibió respuesta. Entonces le pareció que no podía continuar con el proyecto y por eso se retiró. No importaba. La esperaba otra campaña de Material Girl y *Agente K.C.* se estrenó en enero de 2015. Tal como Zendaya había estipulado en las reuniones iniciales con Disney Channel, la estudiante de preparatoria Katrina-Charlotte, K.C., Cooper era una cerebrito de las matemáticas y cinturón negro en karate. Para todo lo demás, era una adolescente normal, pero su vida cambió cuando sus padres, los contadores Craig y Kira, la reclutan para ser espía como ellos en una agencia secreta del gobierno conocida como «La Organización». Junto con sus padres y sus hermanos menores Ernie y Judy —una robot humanoide—, K.C. tenía que compaginar una existencia normal con misiones secretas diseñadas para salvar el mundo. Mientras

K.C. emprendía su aventura secreta como espía, era vital asegurarse de que su mejor amiga, Marisa, no lo descubriera. Zendaya estaba satisfecha con el desarrollo de su personaje y de la serie. Katrina era un poco friki y torpe y no era la más popular de la preparatoria —de hecho, era una adolescente normal—, pero tenía la oportunidad de vivir situaciones excepcionales y emocionantes. En las entrevistas promocionales, Zendaya hablaba de *Agente K.C.* con entusiasmo, decía que era una serie divertida y fantástica para toda la familia, pero con mucha ternura de base. Explicó que estaba muy orgullosa de la serie. De nuevo, encontró similitudes entre ella y el personaje. Como K.C., Zendaya también tenía dos vidas muy distintas, su vida laboral y su vida privada, que a diario intentaba mantener en equilibrio.

La intuición de Zendaya no falló. No obstante, no fue la nueva serie de Disney lo que acaparó los titulares, sino la aparición de Zendaya en los Oscar en febrero de 2015, y por una razón muy controvertida. Zendaya acudió a la ceremonia con un vestido de seda blanco de Vivienne Westwood con los hombros descubiertos, y peinada con un semirrecogido de rastas que le llegaban a la cintura. Estaba espectacular, *Vogue* presagió que sería la «estrella con el estilo más alucinante» de la noche y la definió como «medio Lisa Bonet, medio Venus de Milo, y muy madura». Sin embargo, todo esto quedó eclipsado cuando la presentadora de *E! News* y *Fashion Police,* Giuliana Rancic, hizo unos comentarios muy controvertidos sobre el peinado de Zendaya. Las rastas, dijo, hacían que Zendaya pareciera alguien que «huele a aceite de pachuli y marihuana».

Zendaya, que en aquel entonces tenía dieciocho años y medio, dejó que todo el mundo asimilara el comentario antes de responder. Por intuición sabía que una reacción visceral no sería lo más adecuado. Cuando llegó a casa, se metió en la habitación y resistió las ganas de escribir un tuit enojada. Reflexionó antes de decidir una respuesta. Como no era una escritora excelente, se la entregó a su madre, Claire, para que se la corrigiera antes de publicarla en Twitter e Instagram. Era larga y comedida, madura y directa.

«Una fina línea separa lo divertido de lo irrespetuoso», empezaba. «Alguien hizo un comentario sobre mi pelo en los Oscar que me dejó boquiabierta. No porque disfrutara de las buenas críticas sobre el conjunto, sino porque recibí comentarios maleducados y faltas de respeto. Decir que una mujer joven de dieciocho años con rastas tiene que oler a pachuli o a marihuana no es solo caer en estereotipos, sino que es escandalosamente ofensivo. No suelo tener la necesidad de responder a críticas negativas, pero hay cosas que no se pueden dejar pasar. Deben saber que mi padre, mi hermano, mi mejor amiga de la infancia y mis primos, todos, llevan rastas. ¿Saben qué tienen en común Ava DuVernay (directora de la película nominada al Oscar *Selma*), Ledisi (actriz, cantante y compositora nominada nueve veces a los Grammy), Terry McMillan (escritor), Vincent Brown (profesor de Estudios Africanos y Afroamericanos en la Universidad de Harvard), Heather Andrea Williams (historiadora con un *juris doctor* de la Universidad de Harvard y una maestría y un doctorado de la Universidad de Yale), y muchos otros hombres, mujeres y niños de todas las razas? Las rastas. Y ninguno de ellos huele a marihuana. Ya hay demasiadas críticas duras sobre los afroamericanos, no hace falta que personas ignorantes juzguen a los demás solo por cómo llevan el pelo. Llevando rastas en la alfombra roja de los Oscar solo pretendía exhibirlas de una forma positiva, para recordar a las personas de color que nuestro pelo también está bien. Para mí, las rastas y los rizos son un símbolo de fuerza y belleza, como la melena de un león. Sugiero que algunas personas escuchen «I Am Not My Hair» de India Arie y reflexionen un poco antes de abrir la boca para juzgar. —Zendaya Coleman».

A la mañana siguiente, todos hablaban de Zendaya y *The Washington Post* se hacía la pregunta sobre la que todo el mundo esperaba la respuesta: «¿Quién es Zendaya?». DuVernay respondió a la joven estrella por Twitter y escribió: «Eres preciosa, Reina. Bendecimos a los ignorantes y les deseamos buena suerte. Seguimos adelante. Besos».

En una entrevista en *Good Morning America*, Zendaya explicó que había reflexionado mucho antes de publicar. «Tuve que refrenarme para no ser una ignorante ni una niña… Me tomé un tiempo para pensar en lo que me habían enseñado mis padres: las cosas más importantes del mundo son tu voz y tus conocimientos. Por eso me senté en la habitación y usé ambas cosas. Una línea muy fina separa lo que es divertido de lo que es irrespetuoso».

Rancic, muerta de vergüenza, recurrió a Twitter para disculparse. Pero el daño ya estaba hecho. «Siento haberte ofendido a ti y a muchos otros», tuiteó. «Me refería a un *look* chic y bohemio. No tuvo NADA que ver con la raza, ¡NUNCA haría algo así!». Añadió una disculpa en directo en la que dijo: «Como saben, *Fashion Police* es un programa que se mofa, sin mala fe, de los famosos, pero me doy cuenta de que ayer dije una cosa que cruzó el límite. Quiero que todos sepan que nunca quise hacer daño a nadie, pero he aprendido que no importan mis intenciones, sino el resultado. Y el resultado es que hay personas que se han ofendido, incluida Zendaya, y eso no está bien. Por eso, quiero decirle a Zendaya y a cualquier otra persona que se haya sentido herida que lo siento mucho, de corazón. Ha sido una experiencia de la que he aprendido mucho. Este incidente me ha enseñado que debo ser más consciente de los clichés y los estereotipos y del daño que pueden llegar a hacer. Y que soy responsable, como lo somos todos, de no seguir perpetuándolos».

Zendaya aceptó la disculpa con elegancia, con una advertencia ingeniosa: «Me alegro de que fuera un aprendizaje para ti y para la cadena». Más tarde, lo explicó en una entrevista para la revista *Complex*: «Fue un aprendizaje para mí y para todo el mundo que lo leyó. Mucha gente no se da cuenta de que el pelo es muy importante para algunas personas, no solo para las mujeres afroamericanas. Es algo de lo que se tiene que ser consciente y prudente. Por eso creí que era algo de lo que tenía que hablar».

Zendaya añadió que muchas mujeres, de todas las razas, le habían dicho «Me encantó lo que dijiste», «Hice que mi hija lo leyera». Cuando había tuiteado la respuesta, también pensaba en sus jóvenes sobrinos. Llegaría el día en que tendrían Twitter e Instagram y ahora les podía aconsejar sobre cómo reaccionar si alguna vez se encontraban con comentarios racistas y prejuicios anticuados. Zendaya, que aún era relativamente desconocida, estaba dirigiendo un debate nacional sobre la raza, con inteligencia, elegancia y tacto. Centenares de mujeres de todo el país le mandaban fotografías de sí mismas con rastas: un gesto empoderador y muy positivo. La respuesta de Zendaya había abierto el debate y había permitido que la gente hablara de las cosas que les hacían sentir incómodos. Fue un momento importante, no solo para ella, sino para todas las mujeres de color. Pero la actriz sabía que aún quedaba mucho por hacer.

Cuando le preguntaron qué pensaba de la forma en que su hija había manejado la situación, Kazembe Coleman se señaló la mejilla. «Mis alergias sacaron la cabeza», bromeó. «Me llenó de orgullo».

Y ya podía estarlo. Fue Zendaya y no los ganadores de los Oscar quien se convirtió en la protagonista. ¿Los Oscar? ¡Qué más daban! El mundo solo quería hablar de Zendaya y de su respuesta comedida y madura al incidente. La niña Disney de Oakland copó todos los medios, y con razón. Su estilista Law Roach le otorgó el apodo de Zoprah.

Zendaya recordó ese momento varios años después en una entrevista con la revista *W*. Lo describió como un punto de inflexión no solo para su carrera, sino para todo Hollywood, ya que determinó qué tipo de comentarios y observaciones no debían y no se iban a tolerar respecto a actores y actrices de color. «Así es como se cambia», dijo. «Y me hizo pensar: ¿cómo puedo tener un impacto duradero en lo que la gente ve y asocia con las personas de color?».

Este incidente tuvo como consecuencia la creación excepcional de la muñeca Shero de Barbie, que significa «heroína». Se creó especialmente para Zendaya e iba ataviada con un vestido de gala blanco y rastas en el pelo. Según el fabricante, para ser considerada una «heroína», una mujer tenía que haber roto barreras, inspirado a las niñas y haber jugado con Barbies como niña que también había sido. Sin duda, Zendaya había roto barreras y había inspirado a personas de todas las edades al animarlas a levantar la voz ante las injusticias. Más tarde, fue la estrella de Barbie: Rock 'N

Royals Concert Experience, un concierto benéfico para VH1 Save The Music Foundation. El evento animaba a niños y niñas a «alzar la voz» en una experiencia única que combinaba musicales y bailes, encuentros en persona con Zendaya y una zona de estrellas del rock donde los niños podían tocar guitarras, baterías, trompetas y mucho más. La marca organizó nueve conciertos de este tipo por todo el mundo con distintos anfitriones que animaban a los niños a alzar la voz a través de las artes. Mattel también se decidió a incluir más diversidad en su línea de Barbies Fashionistas, con veintitrés nuevas muñecas, con ocho tonos de piel, catorce formas de cuerpo, dieciocho colores de ojos y veintitrés colores de pelo diferentes. Zendaya se tomó muy en serio su nuevo papel como referente. Para ella era muy importante ser un ejemplo para las futuras generaciones, era todo un honor y estaba orgullosa de que la percibieran así. Pero en ningún momento fue condescendiente ni engreída. Tampoco fingió nada.

«Si finges ser un modelo a seguir, llegará el día en que el modelo se desarticulará», explicó a la revista *TIME* en 2015. «Querrás ser tú misma y la gente quedará muy decepcionada al descubrir que no eres quien decías ser. Sé sincera y sé tú misma».

Ahondó en este tema en una conversación con *El Huff-Post* el mismo año.

«Creo que es una responsabilidad, pero como dijo Tupac Shakur: "Soy un modelo real", lo que significa que no finjo ser algo que no soy, porque, como dijo él, la gente se decepcionará cuando descubra quién eres, porque no será como te presentaste al mundo», comentó. «Así que hay que ser sincero. Soy una chica buena, ya está».

Zendaya no se anduvo con rodeos a la hora de posar para la portada de la revista *Modeliste* en septiembre de 2015. Estaba espectacular, como siempre, pero le molestó darse cuenta de que se habían retocado mucho las fotografías. Tenía las caderas y el torso de una chica de diecinueve años, y las habían manipulado para que pareciera aún más delgada. Muchas estrellas lo habrían dejado pasar. Pero Zendaya, no.

«Son cosas que hacen que las mujeres tengan complejos, que crean ideales de belleza poco realistas», escribió en Instagram. «Cualquiera que me conozca sabe que defiendo el quererte a ti misma tal y como eres. Así que he decidido publicar la foto real y me encanta. Gracias, @modelistemagazine, por quitar las imágenes y solucionar el problema de los retoques».

La revista retiró las fotografías antes de que saliera el número, y dio un paso más publicando una carta de la editora en la que agradecía a la modelo haber puesto el foco en ese problema. «Gracias, Zendaya», rezaba, «por dar voz a un tema tan importante. En vista de nuestro número de noviembre, aún no publicado, con Zendaya en la portada y debido a la controversia por las imágenes retocadas, me veo obligada a tratar de forma pública este tema, que Zendaya me comunicó ayer personalmente [...]. Hemos concluido que las imágenes se habían retocado hasta tal punto que no eran aceptables y no respetaban los valores e ideales que representamos y promovemos con nuestra revista. Por lo tanto, he tomado la decisión de detener el número para rectificar esto y que las imágenes vuelvan a su estado original y natural, que reflejará la belleza y resplandor verdaderos de Zendaya [...]. Elegimos a Zendaya para nuestra portada porque sentimos un profundo respeto y admiración por su sinceridad, franqueza y su forma genuina de conectar con sus leales fans, así como por su integridad. Creemos que es una representante auténtica y positiva y una inspiración para las mujeres y los valores que tenemos en *Modeliste* [...]. Estamos orgullosos de que Zendaya haya aprovechado esta oportunidad para hablar sobre el tema y crear un diálogo muy necesario, sincero y franco».

Ahora una prestigiosa revista de moda se inclinaba ante la voluntad y razonamiento de Zendaya. Al alzar la voz contra el retoque de imágenes, se ganó más legiones de admiradores y un respeto masivo en los medios.

«Me di cuenta de que si no me gusta algo, puedo cambiarlo», explicó a la revista *Cosmopolitan*. «Si no me siento cómoda con algo, tengo voz para decir que no está bien».

Unas semanas antes de este incidente, se materializó un proyecto muy importante para Zendaya. Una colaboración con Titan Industries, su primera colección de zapatos, llamada Daya, haciendo honor a su apodo familiar. Viajó hasta Nueva York para el lanzamiento, donde presentó su primera colección conformada por dieciséis modelos primaverales. En la sala de exposiciones de Titan Industries, Zendaya se dejó entrevistar por *Footwear News* para hablar de zapatos y de su emocionante incursión en el mundo de la moda. «Quería zapatos que hablaran por sí mismos», relató. «Aunque los consumidores no sepan quién demonios soy yo, algo que le pasa a mucha gente, los zapatos les siguen encantando. No quiero que los compren porque son los zapatos de Zendaya, sino porque son para todo el mundo».

Esta aventura fue una colaboración entre Zendaya y su estilista Law Roach. Los precios oscilaban entre los setenta y los ciento diez dólares, eran bastante asequibles. Había de todo, desde deportivos modernos y zapatos planos acabados en punta hasta zapatos de tacón de quince centímetros. A pesar de sus 1.78 metros de altura, a Zendaya le encantan los tacones. Proviene de una familia de mujeres altas y fabulosas —su madre mide 1.94 metros—. Llevara los zapatos que llevara, la gente comentaría su altura de todas formas, lo hubieran hecho aunque hubiera ido descalza, así que bien podía ir súper alta y sentirse de maravilla con unos tacones fabulosos. Law Roach la respaldaba, y dijo que no pasaba nada por ser alta y llevar tacones. No pasa nada si eres la chica más alta de la sala. Está perfecto, de hecho.

Zendaya era, como todo el mundo sabía, una enamorada de la ropa, así que ¿por qué había elegido los zapatos para su primera incursión en el mundo de la moda? «Bueno, antes que nada, son mi pasión», explicó a la revista *Glamour*. «Pero eran un buen punto de partida, porque hay muchas categorías en el mundo de la moda, y esta me pareció un entorno más controlado en el que me podía concentrar y empezar. No quiero abarcar demasiado y meterme en algo que me vaya grande cuando no estoy preparada».

Añadió que las mujeres de su familia la inspiraban: su madre, sus hermanas mayores y su sobrina. Como niña que procedía de una familia normal, no había crecido con unos padres que pudieran permitirse unos Louboutin o unos Jimmy Choo, y muchos zapatos que no eran de diseñador daban la impresión de ser baratos. Lo que Zendaya quería conseguir con su colección era un calzado moderno y asequible, pero que pareciera de lujo.

A finales de 2016, la segunda temporada de *Agente K.C.* estaba en marcha. Sin embargo, por ese entonces, Zendaya fue elegida para participar en una película taquillera que

cambiaría su vida profesional —y también acabaría por trans-
formar su vida privada— para siempre.

LAS HEROÍNAS DE ZENDAYA

Heroína oficial desde 2015, Zendaya continúa siendo un
ejemplo para mujeres de todos los credos, razas y edades.
Pero ella también tiene heroínas, mujeres a quienes admira
y considera modelos a seguir. La primera y más importante
es su madre, Claire Maree Stoermer. En una entrevista con
la madre de Beyoncé, Tina Knowles-Lawson, en su programa de Instagram *Talks with Mama Tina* en 2021, Zendaya no
podía parar de alabar a Claire.

«Mi mamá es una heroína. Me trajo al mundo, para empezar. Me siento muy afortunada por la madre que tengo. Me
ha enseñado muchísimas cosas. Creo que muchas veces no
es consciente de las lecciones que me enseña. He aprendido muchísimo solo viéndola vivir y ser quien ella es».

Para Zendaya, la lección de vida más importante que le
había enseñado su madre era no ser interesada. Fue testigo de cómo su madre enseñaba en comunidades desfavorecidas durante veinte años, trabajando infatigablemente
para ofrecer a sus estudiantes la posibilidad de vivir experiencias como, por ejemplo, un campamento de ciencias al
exterior. Muchos antiguos estudiantes decían que, de no
haber sido por la señora Stoermer, su vida no habría tenido
ningún rumbo. Claire había hecho mucho más de lo que se
esperaba de una profesora, por instinto sabía que un edu-
cador era capaz de inspirar y cambiar la vida de su alum-
nado.

Huelga decir que Zendaya se benefició de las renuncias y sacrificios que hizo su madre. Al fin y al cabo, en 2010, Claire había estado dispuesta a quedarse en Oakland y a tener dos trabajos para mantener a la familia mientras Zendaya y Kazembe se mudaban a Los Ángeles para hacer despegar la carrera de su hija. También Claire le había enseñado a no derrochar el dinero una vez que empezó a ganarlo en grandes cantidades.

Como siempre, hacía la tarea antes de la audición. El personaje tenía quince años. Quince... A sus quince años, Zendaya no tenía permitido ir con maquillaje a la escuela, de modo que optó por ir a la primera audición sin maquillarse. Era la habilidad que Zendaya tenía de metamorfosear —un día podía ser la encarnación del glamour y al otro ir completamente al natural— lo que atrajo la atención e intrigó al director de *Spider-Man*, Jon Watts. Le parecía una actriz muy técnica, además, añadía sus propias florituras, como el truco de ir sin maquillaje y con una taza de un té de hierbas raro, que por intuición creía que era algo que haría el personaje que iba a interpretar. La «chica de la peli» resultaría ser Michelle Jones-Watson, más conocida como MJ, la reinterpretación moderna de Mary Jane «MJ» Watson, que había aparecido como la amada de Spider-Man en los cómics originales. Sin embargo, esta MJ era muy diferente. Mientras que en el cómic MJ era una chica extravagante, un poco bulliciosa y rara, Michelle era súper lista, estrafalaria, franca, estudiosa, sarcástica y estaba más puesta en el activismo que en los chicos. No muy diferente a Zendaya en ciertos sentidos. Tuvo que hacer una «prueba de compatibilidad» con el actor británico Tom Holland, quien interpretaría a Peter Parker, y se produjo un momento incómodo cuando se conocieron. Él fue a estrecharle la mano, mientras que Zendaya le dio un abrazo. También se dijo que le preocupaba ser más alta que Tom, quien mide 1.73 metros. ¿Cómo quedaría eso en las escenas románticas o cuando Spider-Man tuviera que rescatarla? Pero en cuanto empezaron a interpretar juntos, se dio una conexión evidente, un dinamismo definido entre ellos. No obstante, Zendaya no estaba nada convencida de conseguir el papel.

«Muchas veces el hilo de pensamiento de un actor o actriz de color es "voy a ir y lo haré lo mejor que pueda, pero seguramente no elegirán a una actriz de color para este papel"», confesó a la página web 8 Days Showbiz. «No me esperaba que fueran a cambiar los personajes y a elegir de verdad los mejores intérpretes, en vez de guiarse por quién se parece más al personaje del cómic».

Y la mejor persona para interpretar a esta nueva MJ era Zendaya. El hecho de que los cineastas abrazaran la diversidad era de las mejores cosas para ella. No era algo esencial, es cierto, pero no estaba mal. Tal como Zendaya había predicho, hubo controversia por el elenco elegido. Se centró, sobre todo, en el hecho de que Zendaya, actriz mestiza, interpretaría a MJ Watson, dibujada en el cómic con la piel clara y pelirroja. Hubo canales mediáticos que defendieron a Zendaya en las redes sociales, así como el director de *Guardianes de la Galaxia*, James Gunn, y el cocreador de Mary Jane, Stan Lee. Sin embargo, había puristas de Spider-Man, seguidores de la vieja escuela, que no estaban satisfechos. Un usuario de Twitter publicó: «Ya que ahora una mujer negra interpretará a Mary Jane, ¿puede un actor blanco interpretar a Martin Luther King en la próxima peli que se haga sobre él?».

Zendaya respondió a esta reacción violenta en una entrevista con la revista *The Hollywood Reporter* con: «Claro que habrá quien se indigne porque, por alguna razón, hay personas que no están listas. Y pienso: "No sé en qué Estados Unidos vives tú, pero cuando voy por las calles de Nueva York veo muchísima diversidad, veo el mundo real, y es precioso. Eso es lo que se debería reflejar, y es lo que se va a reflejar, así que a quien no le guste, que no mire». ¡Nunca mejor dicho!

Ya había verbalizado lo que pensaba sobre este tema otras veces, cuando declaró en la revista *Hunger* en 2015 que «Estados Unidos es un crisol de culturas… Todo el mundo es de todas partes. Las únicas personas nativas de aquí son los indios americanos. Por lo tanto, todo el mundo es inmigrante. Me enorgullece ser afroamericana. Creo que cuando te enorgulleces del lugar del que vienes, respetas y entiendes más el lugar del que proviene otra gente».

Zendaya no solo era perfecta para el papel de MJ, sino que también fue todo un acierto de los productores. A lo largo de su carrera había encarnado personajes interraciales potentes y con aspiraciones para programas infantiles y, al hacerlo, se había convertido en una especie de luz esperanzadora para sus —en aquel entonces— cuarenta y un millones de seguidores de Instagram. Era una especie de superheroína. En más de una ocasión, se había topado con una multitud mientras grababa escenas de la película en Atlanta, muchos fans lloraban por ver a su «heroína» en carne y hueso. Y era tal la química que Zendaya y Tom tenían en la pantalla que corrió el rumor de que tenían una relación fuera de esta, algo que los dos negaron categóricamente. Se habían convertido en grandes amigos, pero nada más.

ARRIBA / ¡Una gran emoción con *Shake It Up!* Zendaya, quien se acababa de hacer famosa, firma autógrafos para sus fans en París, en mayo de 2012.

DERECHA / ¡Lista para el lanzamiento! Promocionando su primer libro, *Between U and Me*, y su primer disco, *Zendaya*, en Nueva York, en octubre de 2014.

PÁGINA SIGUIENTE /
Una Venus vestida
de Vivienne Westwood:
En la 87.ª ceremonia
de la entrega de los
Oscar en Hollywood,
en febrero de 2015.

ARRIBA /
Fashionista:
Con el gurú de la
moda y gran amigo Law
Roach en la fiesta New
Vision and Millennials de Dolce
& Gabanna en Los Ángeles,
en marzo de 2017.

ABAJO / Lazos familiares:
Zendaya con sus padres,
Kazembe Coleman
y Claire Stoermer, en
la Q012 Performance
en el Teatro de
Pennsylvania, en
octubre de 2013.

ARRIBA / Diversión a la Spider-Man: Zendaya con su coprotagonista y futuro novio Tom Holland, en un evento promocional para *Spider-Man: De regreso a casa* en Londres, en junio de 2017.

IZQUIERDA / A salvo en brazos de Spider-Man: En el rodaje durante la grabación de *Spider-Man: Lejos de casa* en Nueva York, en 2018.

La reina del Met: Zendaya se convierte en la Juana de Arco concebida por Versace para la gala del Met Heavenly Bodies en Nueva York, en mayo de 2018.

ARRIBA / Almas gemelas: Zendaya, en el papel de Rue, con su coprotagonista Hunter Schafer, en el papel de Jules, en la primera temporada de la revolucionaria serie de HBO *Euphoria*, en 2019.

ABAJO / Princesa guerrera: Con el coprotagonista de *Dune*, Timothée Chalamet, en el estreno de la película en Londres, en octubre de 2021.

IZQUIERDA / Impresión al estilo *Dune*: Caminando por la alfombra roja y cautivando a todo el mundo con un vestido de piel efecto mojado de Balmain en el estreno de *Dune* durante el 78.º Festival de Cine Internacional de Venecia, en septiembre de 2021.

DERECHA / ¡Una Spider-Girl sexy! Triunfando en la alfombra roja vestida de Valentino para el estreno de *Spider-Man: Sin camino a casa* en Los Ángeles, en diciembre de 2021.

ARRIBA / ¡Eufórica! Zendaya hace historia en los Emmy al ganar su segundo premio por interpretar a Rue en *Euphoria*. Los Ángeles, septiembre de 2022.

IZQUIERDA / Todo al rosa: Asistiendo al desfile de la colección otoño-invierno 2022-2023 de Valentino en la Semana de la Moda de París, en marzo de 2022.

Y aunque todo esto era verdad en 2016 y 2017, ¡no siempre sería así! Mientras, Zendaya disfrutó del proceso de ser la estrella de una película comercial y el rodaje fue fantástico.

«Somos un grupo de personas muy bonito, el elenco es maravilloso», relató a la página web Flicks and the City Clips desde el set de rodaje de *Spider-Man*, entre toma y toma. «Salimos cada dos por tres. No es obligatorio, no nos piden que nos llevemos bien. Pero de una forma curiosa, todos nos parecemos a nuestros personajes».

Después de este, a Zendaya le esperaba otro éxito de taquilla: *El gran showman*. Estaba basado en la historia real de un artista del mundo del espectáculo, el *showman* P. T. Barnum y su circo Barnum and Bailey Circus, a finales del siglo xix y principios del xx. La primera vez que oyó hablar de la película había sido dos años antes, cuando le habían presentado al director, Michael Gracey, en Fox. Quedó muy impresionado con Zendaya, y le dijo que sería perfecta para interpretar a Anne Wheeler, una joven trapecista alucinante que había sido creada expresamente para la película. Gracey le enseñó la grabación de Hugh Jackman —la estrella australiana que interpretaría a Barnum— cantando algunas canciones de la película y Zendaya enseguida quiso formar parte del proyecto. Al saber que tendría que cantar en la audición y previsora como era, pidió que le dieran las canciones que cantaría en la película —si conseguía el papel, claro—, con la esperanza de grabarlas e impresionar a Gracey. Grabó su parte de «Rewrite the Stars», la canción que cantaba a dúo con su enamorado en la película, interpretado por Zac Efron, en el estudio de grabación que tenía montado en el garaje de la casa familiar en Echo Park. Cuando más tarde hizo la audición, puso la grabación ante Gracey y Efron. Quedaron muy impresionados tanto por su actuación como por el trabajo previo y la previsión que eso había exigido, pero Zendaya no estaba segura de haber conseguido el papel hasta que Zac, también un antiguo niño Disney, se lo dejó claro. A lo largo de toda la audición, sin que Zendaya se diera cuenta, Gracey había ido lanzando miradas asombradas a Zac. Después le pidió que saliera a tomar algo con Zac y con él. Zac supuso que eso indicaría una pista a Zendaya de que había conseguido el papel. ¡Pero no fue así!

Anne Wheeler era un personaje complejo. Bonita y con talento, como afroamericana se vio muy afectada por el racismo endémico de la cultura estadounidense del siglo XIX. Se siente una intrusa y eso obstaculiza su relación con el personaje que interpreta Zac Efron, Phillip Carlyle, un hombre de negocios. Los dos se enamoran en cuanto se conocen, pero Carlyle y Anne tienen que enfrentarse a las familias que no lo aprueban y a la sociedad racista estadounidense. Además de saber cantar y usar el trapecio, los actores tenían que interpretar muy bien para expresar estos problemas. Como encarnaba a una artista del circo reputada, Zendaya tendría que usar el trapecio como una profesional, además de hacer giros y piruetas en el aire con Zac. Por tanto, la preparación fue muy intensa: Zendaya y Zac ensayaron cada número de la película con todo lujo de detalles antes de empezar el rodaje, puesto que el director, Gracey, quería grabarlo todo casi como si estuvieran interpretando una obra de Broadway. También quería que Zendaya hiciera tantos números en el trapecio como pudiera, en lugar de usar a una especialista. Hizo sesiones de entrenamiento intensas y regulares para ganar fuerza en el tronco superior, desarrollar más musculatura en los brazos y, en general, tonificarse y ganar tanta fuerza como fuera posible. Hacer ejercicio a diario era una experiencia nueva y no del todo agradable para Zendaya. Nunca había sido una fanática del gimnasio. Sin embargo, todo el esfuerzo valió la pena. Pronto tuvo la fuerza suficiente como para impulsar su propio peso hacia adelante y hacia atrás. En ese momento comenzó el entrenamiento de trapecio. Bajo las órdenes de sus entrenadores, Zendaya empezó practicando en un aparejo específico con el que enseguida se familiarizó. También había una red de seguridad, para que se sintiera segura. ¡Podría! Pero cuando llegó el momento de hacerlo con el aparejo real en el set de rodaje… ¡qué miedo! El aparejo era cinco metros más alto que en el entrenamiento, y ahora no había red. Zendaya no estaba segura de que fuera a conseguirlo. Quizá fue gracias a Hugh Jackman que lo hizo.

«Justo antes de salir a probarlo por primera vez, Hugh me dijo: "Zendaya, eres una crac"», aseguró al *New Paper*. «Era lo que necesitaba: que me animara. Una vez que empecé y me sentí bien, ya no tuve miedo. Mi cuerpo sufrió mucho, moretones y dolor, pero ni siquiera lo notaba mientras estaba allí arriba».

Sus números «en el aire» con Zac fueron otro desafío. Zendaya descubrió en él un compañero que la apoyó mucho, algo que sería de vital importancia, puesto que en algunos momentos Zac tendría que aguantar todo su peso. Rezumaban cierta dulzura y romanticismo en escena y Zac más tarde reveló a Filmweb que de todos los besos que se había tenido que dar en la gran pantalla, el que se había dado con Zendaya era el «número uno».

«Creo que es mi beso favorito», confesó. «Solo porque en este momento estos dos personajes han llegado a tal punto de tensión entre ellos que cualquier mirada que intercambien hace que salten chispas».

También lo fue para Zendaya, aunque en esa época su experiencia de besos en la gran pantalla era limitada. «Metidos en su papel, los personajes no pueden tocarse, hablar ni compartir tantos momentos especiales como querrían, por eso cada momento, aunque solo se rocen, es muy especial», declaró a Filmweb.

El director Michael Gracey quedó tan impresionado con Zendaya que proclamó que era la mayor estrella en ciernes que había visto Hollywood. Era capaz de actuar, hacer de trapecista y cantar como los ángeles. Además apareció en tres canciones de la banda sonora de la película, incluida «Rewrite the Stars», que sería nominada al Oscar el año 2018.

«Le pedía que hiciera muchas locuras», explicó Gracey al *New Paper*. «Cuando se balanceaba en el trapecio con la cámara delante, le decía: "Agarra el gorro y luego tíralo en tal palabra de la canción" y ella sonreía y lo hacía como si no costara nada. Para ser una chica tan joven, está muy entregada a su trabajo».

También Hugh Jackman se deshacía en elogios para ella. «Tiene un don natural. Respeta profundamente a todo el mundo con quien trabaja. Es muy profesional. No me ha pasado muchas veces en la vida eso de trabajar con alguien con quien es evidente que, si quiere, se convertirá en la mayor estrella de su generación. Y puede serlo en el mundo de la música, del baile o del teatro, lo que ella quiera».

No es ninguna sorpresa que Zendaya estuviera tan, tan, tan ocupada. Ese último año había sido un no parar. Además de haber trabajado en dos grandes producciones que podían convertirse en éxitos de taquilla, había grabado una temporada de *Agente K.C.* para Disney y había aparecido en el videoclip de la canción «Versace on the Floor» de Bruno Mars; y es que además había encontrado el tiempo para lanzar una marca de ropa. Acompañada de Law Roach a cada paso, Daya by Zendaya —una secuela de su línea de zapatos— estaba compuesta de una cuidada selección de camisetas, pantalones, vestidos, overoles y ropa de abrigo que era muy moderna y a la vez asequible, ya que la pieza más cara valía 158 dólares. Además del precio, para Zendaya era importante ser tan inclusiva como fuera posible, así que el rango de tallas iba de la XXS a la XXL.

«No quería que nadie se sintiera excluido o de lado, o que creyera que no formaba parte de esto», aseguró Zendaya a Refinery29. «Quiero que mi mamá pueda ponerse mi ropa. Quiero que mi hermana mayor pueda ponerse mi ropa. Quiero que mujeres corpulentas, altas, delgadas puedan ponerse mi ropa».

Otra decisión que Zendaya y Law tomaron a conciencia fue incluir muchas opciones de género no marcado en un intento por anular las normas de la moda binaria. No había reglas cuando se trataba de tu estilo personal. A Zendaya no le importaba cómo llevaras su ropa. Lo único que importaba era que te sintieras bien contigo mismo. Cuando la incluyeron en la prestigiosa lista «Forbes 30 Under 30» de la revista *Forbes*, debido a su éxito y a su poder de influencia como actriz y artista, y a su fuerza dentro del mundo de la moda, seguro que ella también se sintió muy bien.

Tras dejar atrás su época de adolescente y cumplir los veinte en septiembre de 2016, la vida privada de Zendaya era bastante ajetreada. Su padre, Kazembe, empezó a pasar a un segundo plano en el manejo de su carrera. Había tratado de seguir trabajando para su hija cuando ella había tomado las riendas de sus negocios, alrededor de su vigésimo cumpleaños, pero le pareció muy complicado haber invertido los papeles y que su pequeña le dijera qué tenía que hacer. No hubo resentimiento: Kazembe sabía que ese día llegaría. Pero pareció marcar un punto de inflexión en la vida de todos ellos. En agosto de 2016, Claire Stoermer había presentado la demanda de divorcio a Kazembe Ajamu Coleman por diferencias irreconciliables. No pidió pensión compensatoria. Tal vez los fans de Zendaya quedaron conmocionados con la noticia, pero ella no. «Mis papás hace mucho tiempo que no están juntos, no se sabía porque somos muy reservados, pero continúan llevándose muy bien», tuiteó, acompañándolo de una foto reciente de los tres posando con alegría.

Lo que no fue tan alegre fue el acoso virtual que Claire y Kazembe sufrieron, hubo troles que los insultaron. «Para empezar, voy a rezar por ustedes», les respondió en un tuit Zendaya. «Los veo muy preocupados por mis papás, pero deben saber que son dos de las personas más altruistas del mundo. Por favor, cierren sesión, vayan a la escuela, abracen a un profesor y lean un libro de texto. Y, ya que están en eso, mírense en el espejo y sean conscientes de que también son bonitos, porque tanto odio solo puede salir de problemas internos. Muchas gracias». Otra respuesta comedida y con las palabras muy bien elegidas.

A finales de 2017, Zendaya explicó a *Vogue* que durante gran parte de 2016 había estado recuperándose en secreto de la separación del que había sido su novio durante los últimos cuatro años —supuestamente, Trevor Jackson, quien le había regalado un perro, llamado Noon, por Navidad en diciembre de 2015—. Al cabo de unos meses, ya no estaban juntos y Zendaya quedó desconsolada, pero no estaba lista para abordar este tema. Era, como había dicho, «reservada». Pero pasado el tiempo y curado el mal de amores, estuvo lista. En una publicación en redes sociales titulada «Cómo sobreviví a un corazón roto», Zendaya explicó lo que le había ayudado a superar los momentos difíciles tras la ruptura, y recomendó ser franca, estar dispuesta a probar cosas nuevas y a borrar mensajes, fotos y recuerdos.

«Me deshice de antiguos mensajes de texto, fotos y de su ropa. No me aferro a viejos curitas. ¡Todo a la basura!», recomendó. «Tienes que deshacerte de todo lo que asocias con esa persona. Mejor borrar su número. O, si aún no eres capaz, como mínimo cambia el nombre del contacto».

Terminó diciendo que a pesar de que había sido su primer amor y que no había terminado bien, supo que estaba recuperándose cuando su primer pensamiento ya no fue «¿Qué hice mal?», sino «Fue la decisión más tonta de mi vida».

En el programa *The Ellen Show* en marzo de 2016, Zendaya había alabado las ventajas de vivir en su casa familiar. Sin embargo, a principios de 2017 se independizó y se mudó a una casa de estilo mediterráneo de 386 metros cuadrados con cinco habitaciones, cinco baños, tres balcones, una cocina profesional, alberca, spa exterior y un jardín enorme, que compró por 1.4 millones de dólares en el barrio de Northridge en Los Ángeles. Grabó un video de la casa y lo subió a sus redes sociales, no podía creer que esa propiedad espectacular ahora fuera suya. Le encantaba, sobre todo, la escalera principal, que parecía sacada de un cuento de hadas.

«Gente, siempre había querido unas escaleras como estas desde que era una niña pequeña», publicó. «Porque, como saben, soy de Oakland, de origen humilde, tengo dos padres que son profesores y por eso nunca había vivido en una casa de dos pisos, con aire acondicionado o con alberca, es que es una locura. Tengo unas escaleras que son como las escaleras de caracol de la Cenicienta. Nunca había vivido en una casa tan bonita. Lo valoro todo mucho más porque todo lo que tengo es gracias a lo que he trabajado».

Tampoco vivía sola. Explicó a *Harper's Bazaar* que no le gustaba estar sola en una casa tan grande y que le encantaba estar rodeada de gente. Compartía el espacio con una de sus hermanas, una sobrina, unos cuantos primos, su asistente Darnell Appling y su perro Noon: la casa estaba llena. Darnell había llegado a su vida gracias a *Agente K.C.* Había sido su doble en la serie y forjaron un vínculo de inmediato entre los dos, Zendaya lo llamaba «hermano». Y él sin duda había hecho lo imposible por ella, más allá de sus obligaciones como hermano. La noche antes de la prestigiosa gala del Met en mayo de 2017, a Zendaya le salió un sarpullido en la cara y en la espalda. Darnell le pidió que fuera al hospital a urgencias. Zendaya se resistía. Se sentiría como una diva entrando ahí con sus escoltas mientras los médicos se enfrentaban a enfermedades, dolencias y emergencias reales. Pero por fin, Darnell la convenció. Resultó ser una reacción alérgica a un antibiótico que se estaba tomando para una infección de garganta. Dejó de tomarlo al instante y los médicos le dieron nuevo tratamiento para el sarpullido, justo a tiempo para la gala. El tema era «Comme des Garçons», pero Zendaya optó por no seguirlo, y eso la hizo destacar. Llevó un vestido largo impresionante firmado por Dolce & Gabbana, de colores vivos, amarillo, naranja y azul adornado con estampados de loros tropicales. Lo complementó con un peinado afro y un labial rojo anaranjado. Era el conjunto ideal que atrajo todas las miradas en esa alfombra, su tercera gala del Met. Tras veinticuatro horas llenas de incidentes, publicó la historia en su Instagram y terminó con un agradecimiento a sus salvadores y dijo que «los héroes reales trabajan en las urgencias de Nueva York a las once y pico de la noche».

Spider-Man: De regreso a casa se estrenó en junio de 2017 en Estados Unidos y en el resto del mundo lo hizo en julio. Como siempre, Zendaya arrasó en la alfombra roja del estreno en Los Ángeles. Era una ocasión en la que se la esperaba y caldeó el ambiente con un vestido rosa chicle de Ralph & Russo con una abertura muy pronunciada que dejaba al descubierto casi toda la pierna. El vestido incluso arrastraba una capa, muy apropiada para el estreno de una película de superhéroes. Lo combinó con unos tacones a conjunto y optó por un maquillaje natural y el pelo suelto con ondas. La película fue un éxito de taquilla, lo que haría que tuviera un beneficio bruto de seiscientos treinta millones de dólares a nivel mundial. Las críticas por la breve trayectoria de Zendaya eran espectaculares y demostraban que era una rareza: una niña estrella con la capacidad de gustar y atraer a los grandes medios. En agosto de 2017 ganó el gong a mejor actriz en los Teen Choice Awards por haber interpretado a MJ en *Spider-Man*. Ese mismo año también se convirtió en la imagen de CoverGirl cosmetics, siguiendo los pasos de Tyra Banks y Queen Latifah.

El gran showman se estrenó a finales de diciembre de 2017. La película fue recibida con críticas contradictorias, a pesar de que se convertiría en el tercer musical de acción con más ingresos que se ha estrenado. *Variety* alabó la química de Zendaya con Zac Efron y dijo que ella aportaba «una sensibilidad conmovedora en las pocas escenas en las que aparecía». No hace falta decir que arrasó con sus conjuntos en las alfombras rojas de los distintos estrenos que se realizaron por todo el mundo. En Sídney, Australia, dejó a todo el mundo con la boca abierta con un vestido alucinante de Moschino con forma de mariposa, que más tarde calificaría como uno de sus vestidos favoritos. En Ciudad de México apareció con unos pantalones negros de corte estrecho, un saco brocado escarlata y tacones. Y en el estreno de Nueva York, a bordo del buque Queen Mary 2 en el puerto de Brooklyn, acudió majestuosa con un vestido negro con escote palabra de honor y una falda de tul hasta el suelo que dejaba al descubierto unas enaguas rojas.

A finales de 2018, Zendaya estaba en la cresta de la ola.

HADA PERRINA

Se habla de una vida de perros y Noon Coleman es un perro que levanta mucha envidia. Este schnauzer miniatura, negro como el carbón, es sin duda uno de los amores de la vida de Zendaya. Se autodenomina su madre y se refiere a él como su querido hijo. Tiene su propia cuenta de Instagram con veintisiete mil seguidores en la que hace anuncios como «Soy el querido hijo de la gran Zendaya Maree. Me encantan las siestas largas y los premios. Lo que se me da mejor es sacar de quicio a mi tío Darnell». En una entrevista con la revista australiana *Total Girl,* Zendaya contó lo mucho que lo quiere y dijo que, aunque a menudo son los perros los que piden atención a sus amos, es ella quien le pide más atención a él.

Noon llegó a la vida de Zendaya durante las Navidades de 2015 y se dijo que era un regalo de quien entonces era su novio, Trevor Jackson. Unos meses antes, Zendaya había quedado destrozada cuando el perro de su infancia, Midnight, un schnauzer gigante, había fallecido.

«Mi amor hoy subió al cielo», publicó en Instagram. «Gracias por ser uno de los hombres más leales de mi vida, por quererme incondicionalmente y por acurrucarte conmigo siempre que lo necesitaba. No sé si me entendías cuando te decía que te quiero más de lo que te imaginas. Hemos estado juntos desde que tenía ocho años y no sé cómo acostumbrarme a una casa en la que no se oiga el tintineo de tus patas… Pero gracias por cada segundo de amor que nos regalaste».

No pudo contener la alegría cuando el nuevo cachorro llegó a su vida. «Muchos de ustedes saben que perdí a mi querido Midnight hace un tiempo, y que creía que no podría volver a querer a un perro… Hasta que me regalaron este angelito en Nochebuena. Es un mini-Midnight… Ayer por la noche se meó en mi cama tres veces y no me importó», escribió. «¡Es que miren qué carita! Qué regalo tan bonito… justo cuando más lo necesitaba. Estoy muy agradecida de tener a este peque».

Lo bautizó Noon (mediodía), ya que parecía perfecto después de Midnight (medianoche). Quedó prendada de su nuevo perro desde el principio, lo dejaba quedarse dormido en sus brazos y luego no se movía por miedo a despertarlo. Las publicaciones de su perro, acompañadas de frases como «Hecho de menos mi casa», se combinaban con publicaciones en las que aparecen juntos acurrucados, siempre estaban juntos. A pesar de trabajar mucho, nunca dejó a este pequeño en una guardería para perros. Desde el principio era un perro famoso e iba con ella a todas partes. Noon siempre ha sido un perro de rodajes y viaja —a menudo en avión privado, nada más y nada menos— a cualquier parte del mundo donde Zendaya tenga que ir. Pero este tipo de vida de alto octanaje y mucho pedigrí puede provocar problemas a cualquier perro. Noon, a pesar de estar muy cerca de Zendaya mientras ella trabajaba y rodaba, a menudo pasaba muchas horas solo en su tráiler. Estos periodos se interrumpían con momentos de gran emoción y amor cuando madre e hijo se reencontraban brevemente. Era una montaña rusa de emociones para Noon. Pasearlo consistía en una circunnavegación rápida por el set de grabación y no en una caminata larga o un paseo normal por un parque público. ¿Y las consecuencias? El comportamiento de Noon no era el esperado. Se sobreexcitaba cuando veía gente y también se volvía agresivo, había gruñido a bebés y a otros perros.

En 2017, César Millán, el presentador de *El encantador de perros* y *El líder de la manada*, fue a ver a Noon y a Zendaya en su casa para descubrir la razón del comportamiento del perro. La consulta la grabó la revista *Vogue*. Millán preguntó a la actriz cuál creía que era el problema.

«Su mayor problema es que no pasa mucho tiempo con otros perros porque siempre está en el set de rodaje conmigo», respondió Zendaya. «Cuando se encuentra con otros perros o niños pierde la cabeza. Una vez trató de enfrentarse a un pastor alemán y el pastor alemán se defendió. Está castrado y eso ha ayudado, pero no me hace mucho caso. Se emociona y excita mucho y es porque se lo permito. Se lo permito todo. No sé decirle que no. Soy consciente de ello».

César Millán explicó que cuando un perro lleva una vida inusual y emocionante como Noon, sin normas de verdad, límites o restricciones, es normal que se comporte de ese modo. Y aunque los humanos suelen ser tolerantes con un perro sobreexcitado, los otros perros no. Noon, que no estaba acostumbrado a relacionarse con otros perros, empezaba a ladrar cuando se topaba con uno —más por emoción que por agresividad—, y quería ponerse a jugar al instante. Eso no causaría buena impresión en sus compañeros de juego que, según Millán, pensarían que era demasiado pronto para ponerse a jugar si aún no se habían ni saludado. Olerse el trasero era lo primero. Así era como los perros se conocían.

«Tienes a un perro que es casi hiperactivo y a una humana que solo le da amor, amor y amor», explicó Millán a Zendaya sobre su relación con Noon. «Intenta criar a un niño solo con amor, amor y amor. ¿Cómo lo llamarás? Un niño mimado».

Zendaya reconoció que el encantador de perros tenía razón. Tras un periodo corto con Millán, en el que el experto reprendía a Noon y comenzó a marcarle unos límites, el perro empezó a tranquilizarse. Millán luego decidió presentarle a sus propios perros, que esperaban en el coche. Zendaya estaba nerviosa y preocupada por cómo Noon iba a reaccionar, pero Millán le indicó que debía disimular estas emociones. La figura de autoridad no debe proyectar miedo, le dijo, y añadió que un perro con miedo no era capaz de confiar. Cuando terminó la sesión, tras haberse presentado ante Noon como modelo de autoridad, Millán fue capaz de tranquilizarlo y supervisar primero un encuentro bastante armonioso entre el perro de Zendaya y un yorkshire terrier, y luego un pug, un pomerania y, finalmente, un pit bull.

«No tienes un perro agresivo», le dijo Millán a Zendaya. «Tienes un perro que necesita hacer ejercicio, calma y límites».

Zendaya incorporó estas indicaciones a su vida y Noon, aunque sigue siendo famoso, ha dejado atrás ese comportamiento de mimado. Sin embargo, su madre es muy consciente de que no es un bonachón. Dijo que si fuera un alumno de Hogwarts, sin duda sería un Slytherin.

«Slytherin, seguro. Noon es Voldemort», confesó a IMDb, y aseguró que su perro comparte más rasgos con Severus Snape que con Dumbledore. «Es más bien Snape… Te trata con frialdad pero luego… ¡Quiere arrumacos!».

5

Adiós, Disney... Hola, *Euphoria*

> Es un salto que da miedo, pero creo que ya
> era hora de que lo diera.
>
> **Zendaya, en una entrevista con *The***
> ***New York Times* sobre haber dejado**
> **Disney y embarcarse en *Euphoria***

El último episodio de *Agente K.C.* se emitió en Disney Channel el 2 de febrero de 2018. Zendaya hacía casi un año que sabía que no se renovaría otra temporada cuando terminara la tercera y, tras ocho años en Disney, por fin estaba lista para desvincularse del canal. Daba la sensación de que su carrera en televisión se hubiera estancado. Ahora que había participado en dos películas de gran presupuesto, hacer más *Agente K.C.* —o cualquier otra serie para Disney— hubiera sido retroceder. Con veintiún años, ya no se le podía considerar una «niña».

«Después de grabar *El gran showman* y *Spider-Man*, volví a la serie para Disney. Fue como ir a la universidad y luego tener que volver y repetir el mismo curso una y otra vez», aseguró más tarde Zendaya a *US Weekly*. «No es que no agradeciera tener trabajo. Pero es como si encendieras un interruptor, y luego lo apagaras y volvieras a casa. Quería más».

La tarde que se emitió el último capítulo de *Agente K.C.*, Zendaya reflexionó en Twitter sobre el hecho de que ese fuera su último capítulo en Disney Channel, la que había sido su casa durante ocho años. Era el fin de una era y agradeció a sus fans y seguidores que hubieran continuado creciendo con ella. Al empezar 2018, había decidido concentrarse en la interpretación antes que seguir con su carrera como cantante. Seguía siendo una persona tímida, y disfrutaba del anonimato de encarnar un papel en vez de tener que ser ella misma todo el rato —algo esencial para una cantante—. También tenía la sensación de que la industria de la música le había arrebatado parte de su pasión. Sentía que la habían exprimido y eso ya no era lo que quería.

El año nuevo fue testigo de su trabajo de doblaje en películas de animación como *Pato, pato, ganso* y *Smallfoot*. En la primera, dobló a un patito que se separaba de su bandada, pero su papel en el musical animado *Smallfoot* fue mucho más complejo. La trama de la película explora la vida aislada de los yetis —u hombres de las nieves— cuando su mundo queda patas arriba al descubrir la existencia de seres humanos, y viceversa. La película aborda temas como alzar la voz por aquello que crees y ser fiel a ti mismo. Son temas con los que Zendaya se sentía identificada y dio voz a una yeti llamada Meechee.

«Me gusta recordarme que mi intuición siempre es la mejor guía», apuntó a la revista *Glamour*. «Creo que a menudo prestamos atención a demasiadas voces y nos provocan muchas dudas y miedo. A veces creo que deberíamos escuchar más lo que nos dice la primera intuición: la primera sensación suele ser en la que debemos confiar. Hazle caso y si no te parece lo correcto, no lo hagas».

La ventaja añadida para Zendaya fue cantar «Wonderful Life» en la película, una oda a explorar las curiosidades de la vida y las maravillas que esconde. Más allá de las películas de animación, también se rumoreaba que Zendaya protagonizaría *A White Lie*, la adaptación cinematográfica del libro de Karin Tanabe de 2016 *The Gilded Years*. Ambientada en la década de 1890, se decía que Zendaya estaba negociando su interpretación del personaje principal, Anita Hemmings, la primera mujer afroamericana que se graduó en Vassar College. Sin embargo, la producción nunca se puso en marcha.

A mediados de 2018, sin la red de seguridad de Disney, Zendaya empezó a preocuparse por su futura carrera, algo que no le había ocurrido durante una década. La transición pos-Disney no suele ser fácil para los jóvenes artistas. Muchas viejas estrellas han hablado del hecho de que Disney espera que sus actores y actrices ofrezcan una imagen impecable durante su adolescencia y la juventud, lo que hace que los artistas se sientan niños a pesar de tener veintitantos, y eso a su vez complica que puedan conseguir papeles adultos más adelante. La coprotagonista de Zendaya en *Shake It Up*, Bella Thorne, dijo que se le pedía que hablara más agudo para parecer más joven de lo que era y Selena Gomez confesó que le provocaba una presión inmensa ser «la niña buena».

El próximo papel de Zendaya sería cualquier cosa, menos una «niña buena». En su búsqueda por un nuevo proyecto que la atrapara, quería experimentar la misma sensación que había tenido tanto con *Spider-Man: De regreso a casa* como con *El gran showman*. Tenía que conseguirlo, costara lo que costara. No quería aceptar un trabajo solo porque lo necesitaba. Quería un papel en un proyecto por el que sintiera pasión, algo en lo que creyera de verdad. Los dioses debieron de leerle el pensamiento. Recibió una llamada de su agente sobre un proyecto que estaba desarrollando HBO llamado *Euphoria*. Era la adaptación de una telenovela juvenil israelí de 2012 con el mismo nombre, pero mucho más sombría. La versión de HBO era una historia sobre drogas, sexo, identidad, traumas, redes sociales, amor y amistad narrada por una chica de diecisiete años, mentirosa y adicta a las drogas llamada Ruby Bennett, Rue para los amigos. Zendaya quería interpretarla. Se moría de ganas. Aunque el personaje tenía pocas características con las que ella pudiera sentirse identificada —nunca había bebido alcohol ni tomado drogas y se consideraba muy mala mentirosa—, Zendaya sabía que la destrozaría no formar parte de esta nueva serie extraordinaria e innovadora.

«Me enamoré de Rue», recordó Zendaya en una entrevista con *Paper*. «Me pareció especial porque no me gusta leer guiones y este me lo leí a la velocidad del rayo, conecté mucho».

Este papel sería, de lejos, el más descarnado de Zendaya hasta la fecha. Rue estaba inspirada en la juventud del creador y guionista de *Euphoria*, Sam Levinson, que había sido muy turbulenta debido a su adicción a las drogas. Eso aportó a la serie un toque profundo y muy personal, además de una dosis muy necesaria de autenticidad y urgencia. Levinson también se había inspirado en otras series descarnadas como *Kids* y *Skins*, al mismo tiempo que abordaba realidades contemporáneas como las armas de fuego y la pornovenganza.

«Es la historia de cómo los jóvenes afrontan el mundo de hoy», explicó a HBO. «Está hecha desde su perspectiva. Se juzga muchísimo a los jóvenes por estar en las redes sociales. Es algo que se percibe como narcisista, pero el mundo cambia mes a mes. El reto es "¿Cómo demostramos empatía hacia esta generación desde una generación mayor?"».

Levinson descubrió que escribir sobre sus problemas con la adicción era terapéutico y vio algo en Zendaya que le hizo pensar que sería la Rue perfecta, a pesar de no haber vivido ese tipo de experiencias. Cuando le dijo a Zendaya que la había incluido en su esbozo del proyecto, ella no se lo creía.

«Es imposible que viendo lo que yo había hecho pensara "Mmm… Esta chica podría interpretarme"», expuso Zendaya a la revista *Paper* en esa misma entrevista. «El personaje de Rue es básicamente él, y sus experiencias vitales. Me preocupaba mucho no dar la talla. Me daba mucho miedo».

Además de sacar a relucir la vena perfeccionista de Zendaya —ese rasgo innato que le hacía buscar el éxito en todo lo que hacía—, contaba con la presión añadida de haber sido una estrella Disney. Sabía que la gente esperaba su fracaso. Tenía muchas cosas que demostrar. Sin embargo, Levinson estaba dispuesto a apostar por ella: no veía ningún riesgo en otorgarle el papel. La intuición le decía que era perfecta para encarnar a Rue, y razón no le faltaba. Cuando vio a Zendaya interpretar el papel, dijo que le pareció muy real y que, en muchos sentidos, fue como verse a sí mismo a los diecisiete años. Era como contemplarse de joven, pero desde la perspectiva de un padre. Era raro y a la vez muy conmovedor. La razón por la que Zendaya formó parte de su esbozo inicial tenía que ver con su facilidad para pasar de un extremo a otro, de ser extremadamente dura a ser extremadamente vulnerable. Lo llevaba escrito en la cara. Podía transformarse en un instante y esta habilidad era justo la que necesitaba para Rue, quien debía demostrar un humor que oscilaba entre la locura y la dulzura. La intuición le decía que Zendaya era capaz de hacerlo. Y que confiaran tanto en ella la tranquilizaba. Siempre que la actriz manifestaba una preocupación, el guionista le contestaba: «Oye, Z, no me preocupas en absoluto».

Zendaya se preparó para el papel hablando con Levinson y aprendiendo de él. Sabía lo importante que era para su interpretación de Rue empaparse tanto como fuera posible de la información y las sensaciones de la persona que había creado el personaje. Y que había vivido en su piel. El papel fue todo un regalo para Zendaya y justo lo que necesitaba en ese momento de su carrera.

«Tuve muchísima suerte de conocerlo, de que viera algo en mí y de que me confiara gran parte de su vida», explicó a HBO. Añadió que tenía una conexión muy especial con Rue, que sentía que el personaje era una versión de sí misma, pero que había vivido en unas circunstancias muy distintas y había tomado otras decisiones. Rue era, en el fondo, una buena persona, solo que no lo sabía. Su inocencia y vulnerabilidad te recordaban que antes que adicta, era humana.

No cabe duda de que Zendaya es una actriz con talento, pero siendo realistas, ¿cómo podría meterse en la cabeza de un personaje desequilibrado como Rue cuando no tenía ninguna experiencia real relacionada con ese tipo de problemas? Esas largas charlas con Levinson le hicieron comprender que Rue era una versión de él, pero aun así no resultó ser suficiente. El equipo de producción de *Euphoria* estaba preocupado de que eso pudiera suponer un problema. Jennifer Venditti, la directora de casting de *Euphoria*, reveló a *Variety* en agosto de 2022 que habían estado a punto de dar el papel a una actriz relativamente desconocida que a nivel personal se identificaba más con los problemas de Rue.

«Había una chica que mi equipo había cazado por la calle, se trataba de una persona mágica que tenía una trayectoria similar a la de Rue y lo había podido superar», explicó Venditti. «Pero una serie de televisión de este tipo puede implicar muchos años de trabajo. Nos encantaba a todos, pero cuando pensábamos en someterla al rigor del proceso, no sabíamos si en términos de resistencia sería capaz de soportarlo».

Venditti consiguió que la chica trabajara con un profesor de interpretación, pero finalmente —ella y Levinson, por supuesto— decidieron que no era la apropiada para el papel. Además, Zendaya siempre había sido la primera opción. A pesar de no haber vivido ninguna de las experiencias de Rue, Zendaya era, según la directora de casting, «capaz de recurrir a herramientas que la hicieran llegar ahí de una forma preciosa».

El primer día de rodaje, Zendaya estaba muerta de miedo por el reto que suponía este nuevo trabajo. Siempre que tenía dudas, lo consultaba con Levinson, que la calmaba. Solía preocuparse por si su actuación no era lo bastante auténtica, pero la verdad es que Levinson estaba impresionado con ella.

«Mientras preparamos una escena, le puedo explicar algo que me ha pasado a mí», aseguró a *Vogue* el guionista. «Y cuando empezamos a grabar, interpreta lo que le dije de una forma totalmente inesperada que a veces da incluso miedo. Creo que Zendaya no se valora lo suficiente».

El momento que mejor ejemplificó esta forma de interpretación «totalmente inesperada que a veces da incluso miedo» fue la terrible pelea entre Rue y su madre en el segundo episodio de la primera temporada. Resumiendo un poco, en el primer episodio conocemos a Rue al salir de rehabilitación, después de pasar el verano recuperándose de una sobredosis. Sin embargo, no tiene ninguna intención de dejarlo y falsea una prueba de drogas usando la orina de su amiga para engañar a su madre. Los problemas continuos de Rue con las drogas causan tensión en la familia, lo que conduce a una pelea física entre Rue y su madre, Leslie, interpretada por la actriz Nika King. La pelea no estaba incluida en el guion, solo aparecía una acotación: «Rue y su madre se pelean».

«Pensé, de acuerdo, daré un portazo o lo que sea, pero esto no es lo que Sam tenía en mente», detalló Zendaya a Refinery29. «Quiso que improvisáramos la escena. Dijo: "Quiero que se lancen una a la yugular de la otra. Enójense tanto como puedan. Si ella ataca, tú más"».

Como ella era una persona muy tranquila que no discutía, ni gritaba, ni decía palabrotas a nadie por muy enojada que estuviera, fue todo un reto. Sin embargo, usó sus habilidades para meterse en ese tipo de situación y decir y hacer esas cosas. Fue una interpretación muy convincente, pero luego se sintió mareada y con náuseas. El papel le pedía que se entregara más de lo que nunca había hecho. Con escenas tan intensas, el elenco congenió de inmediato; entre el reparto se encontraba Jacob Elordi como el popular deportista Nate Jacobs; Hunter Schafer como Jules, la chica trans que enseguida se hace amiga de Rue después de mudarse al pueblo; Storm Reid como la hermana menor de Rue, Gia, y Sydney Sweeney como Cassie.

«Creo que el elenco se siente tan unido porque en algún momento todos hemos tenido que mostrarnos muy vulnerables delante de los demás», comentó Zendaya a la revista *Entertainment Weekly*. «Hay personas que tuvieron que desnudarse delante de otras, así que se creó un vínculo, mucha confianza y una red de apoyo».

El piloto de *Euphoria* se emitió en HBO en junio de 2019. La fotografía estaba manchada con ángulos de cámara que a veces estaban distorsionados y se deformaban para recrear una sensación de desorientación parecida a la de ir drogado. El ritmo era muy rápido, con más de un centenar de escenas cortas por episodio, que reflejaban la escasa capacidad de atención de la gente que se pasa el día enganchada al teléfono celular. Antes de que se emitiera, Zendaya advirtió que *Euphoria* no tenía nada que ver con *Agente K.C.* Trataba de drogas, borracheras, penes erectos, aplicaciones, problemas de salud mental, sexo cariñoso, sexo cruel y fotografías de desnudos… Y añadió que el primer episodio era, tal vez, el menos explícito de toda la serie. Era real, crudo y gráfico, y también provocador y polarizador. No era fácil de ver. Tampoco era una declaración política. El objetivo era explicar una historia que permitiera a los espectadores pensar, conectar y sentir. Cada uno tenía la libertad de reaccionar como le pareciera natural. Pero en temas de salud mental, Zendaya sí se posicionó: «Creo que ha habido, al menos entre mis compañeros, cierto énfasis no solo en la salud mental, sino en cuidarse a una misma y abrirse a otras experiencias», explicó a la revista *Paper*. «Eso te hace sentir escuchada y acompañada si te estás enfrentando a ello».

Zendaya no tenía ninguna duda de que interpretar a Rue significaría un punto de inflexión en su vida. La crítica coincidió. «La exestrella de Disney Zendaya se ha reinventado en Rue, una joven que se odia y se autodestruye en una interpretación increíble y cautivadora que supera cualquier expectativa sobre lo que era capaz de hacer», publicó *The Guardian*.

A pesar de que su cabeza había estado centrada en *Euphoria*, en febrero de 2018, Zendaya fue convocada para la siguiente película de Spider-Man, *Spider-Man: Lejos de casa*, donde repetiría encarnando a MJ Watson. La grabación empezó en Londres a principios de julio y MJ, para alegría de Zendaya, seguía siendo una persona independiente y no la enamorada pasiva del superhéroe. Para Zendaya era importante que cualquier mujer se viera representada en la pantalla, incluso aquellas que eran como la excepcional MJ.

«No quería que cambiara para enamorarlo o que tuviera que fingir ser una persona distinta para que Peter se fijara en ella», explicó a *Entertainment Weekly*. «Lo que me parece más genial es que a él le gusta por sus peculiaridades y sus gustos raros, que son las cosas que durante toda la vida la han hecho ser un poco solitaria. Creo que él también es un poco solitario y por eso tienen esa conexión».

Aparte de su carrera como actriz, de alguna forma Zendaya encontró tiempo para su pasión por la moda. Para los Oscar de 2018 —la mayor alfombra roja de Hollywood del año—, llevó un vestido de chifón con una sola manga, firmado por Giambattista Valli, en un tono café chocolate oscuro. Law Roach había visto el vestido en el desfile de la marca de esa misma primavera, y gracias a su insistencia al final le dieron permiso para que Zendaya lo luciera. El resultado final la hacía parecer una diosa griega. El conjunto, elegante e impresionante, quedaba aún más acentuado con las joyas de diamantes de la colección Heritage de Bvlgari y unas sandalias de Brian Atwood. Todos los medios coincidieron en que Zendaya se erigía como una de las mejor vestidas de la noche. Era un buen regreso para ella, ya que era la primera ceremonia de los Oscar a la que asistía después de la de 2015, donde había llevado el vestido blanco de seda de Westwood y las rastas en el pelo.

Volvió a dejar a todo el mundo con la boca abierta en la gala del Met de 2018, unos meses después. El tema de ese año, «Heavenly Bodies: Fashion and the Catholic Imagination», se interpretó de formas variadas y únicas, pero Zendaya, por sugerencia de Law, decidió encarnar a Juana de Arco con un vestido de Versace. Era una estrategia diplomática, ya que Donatella Versace, junto con Amal Clooney y Rihanna, era la presidenta honoraria de la gala. El vestido plateado y brillante de Zendaya parecía una armadura, pero a la vez era sexy gracias a la abertura hasta el muslo y a sus múltiples cortes. Complementó esta maravilla con tacones de plataforma y joyas de Tiffany & Co.

La idea de que Zendaya se vistiera como la santa medieval se le había ocurrido a Law en un sueño: «Cuando supe el tema y lo de Versace, empezamos las conversaciones, desde Versace nos mandaron muchos esbozos y me puse a pensar en todas aquellas mujeres fuertes relacionadas con la religión», explicó a *Women's Wear Daily* la mañana de la gala. «Una noche soñé con Juana de Arco y llamé a Versace y les dije: "¿Qué pasaría si hiciéramos referencia a Juana de Arco?". Y me respondieron con unos esbozos muy, muy buenos».

Tras ser designada embajadora mundial de la línea femenina de ropa de Tommy Hilfiger en octubre de 2018, en marzo de 2019 Zendaya anunció su colaboración debut con la marca estadounidense. Para Hilfiger, la decisión de ficharla fue fácil, y señaló que su compromiso con la justicia social era parte de su atractivo. «Hay muchas personas famosas virales en redes sociales», explicó Hilfiger a *Vogue*, «pero ¿marcarán alguna diferencia en la sociedad? Desde las primeras negociaciones se hizo evidente que pretende usar su fama para luchar por el cambio. Tiene alma de activista».

La colección se lanzó en París y contó con un reparto estelar de cincuenta y ocho modelos negras de entre dieciocho y setenta años y terminó con la actuación de Grace Jones. La colección se inspiraba en la «Batalla de Versalles» de 1973, el cara a cara de la moda que aclamó la atención de personas como Grace Kelly y Andy Warhol para ver cómo los diseñadores Yves Saint Laurent y Pierre Cardin competían contra los estadounidenses advenedizos Halston y Anne Klein. La velada puso a las modelos negras y a la moda estadounidense en el centro de la escena mundial.

«Si estas mujeres […] no hubieran abierto las puertas, no estaríamos aquí», dijo Zendaya, quien había pedido a la supermodelo negra presente en la batalla original de Versalles Pat Cleveland que formara parte del desfile, que incluía vestidos metalizados y coloridos, pantalones de campana blancos y mucho, mucho Lurex. «Queremos rendirles homenaje».

También era un homenaje a lo fabulosa que había sido la moda en los años setenta. Además de a la elegante batalla de Versalles, Zendaya y Law también aludieron en el desfile a *Los ángeles de Charlie*, Sonny y Cher, a la cantante Lola Falana y a la presentadora Jayne Kennedy, ya que Hilfiger les había dado rienda suelta.

«Tommy nos dejó libertad absoluta», explicó Law a *The Hollywood Reporter*. «"Lo que quieran hacer, háganlo", desde la concepción hasta la peluquería y maquillaje, incluido el casting de modelos y la colección del desfile».

Zendaya creó tablones de inspiración de los años setenta en los que incluyó fotos de su álbum familiar. El resultado fue, como ella misma atestiguó, «atrevido y clásico». La gente se puso de pie al terminar el desfile, algo que no suele ocurrir en la Semana de la Moda de París. Zendaya se sintió abrumada cuando apareció entre bastidores y la abrazaron todas esas bellas modelos negras que, sin saberlo, habían allanado el camino a otras artistas como ella.

«Nuestro desfile era una celebración y un reconocimiento a todas las mujeres icónicas que sin ningún miedo fueron pioneras y abrieron las puertas que han hecho que hoy pueda estar aquí», escribió Zendaya en una publicación de Instagram. «Así que quiero decir a todas las mujeres que subieron a la pasarela, y a todas las que no, que las queremos, que las tenemos en cuenta y que les damos las gracias».

En la gala del Met de 2019, Zendaya volvió a poner toda la carne en el asador. El tema fue «Camp: Notes on Fashion» y aunque algunos asistentes se lo tomaron al pie de la letra, la colaboración entre Zendaya y Law no solo ofreció una declaración de estilo, sino un espectáculo, coronado con una narrativa exagerada. También era, en parte, un homenaje al pasado de Zendaya en Disney. Llegó al Met vestida como la icónica princesa de Disney Cenicienta, luciendo un vestido hecho a medida firmado por Tommy Hilfiger que consistía en una capa de tul azul, un corpiño encorsetado y unas mangas exageradas, como en el original de la película de animación de 1950. Zendaya también llevaba una peluca rubia con un recogido sencillo, una diadema azul y una gargantilla negra en el cuello. Law era su hada madrina, quien, tras unos gestos con la varita, expulsó una neblina mágica e iluminó el vestido de Zendaya, que empezó a iluminarse delante de las cámaras desde la base por las luces escondidas en la tela. Cuando estaba completamente iluminado, parecía un árbol de Navidad elegante. Como no podía ser de otra manera, el bolso de Zendaya tenía la forma de una pequeña carroza de cristal enjoyada, y, al salir de la alfombra rosa, dejó atrás un zapato de cristal.

«A Zendaya le encanta el dramatismo», explicó Law a *Women's Wear Daily*. «Cuando tienes a alguien que se crece con ello, alguien a quien le encanta y que es adicta a la moda, podemos ser tan dramáticos como queramos».

El mundo de la moda coincidió en que el vestido y el espectáculo que lo rodeaba fue el mejor, el momento más encantador de la velada. Pero no todo el mundo quedó impresionado. Otra exestrella de Disney, Lindsay Lohan, utilizó Instagram para subestimar el vestido de Zendaya, afirmando que la actriz Claire Danes había vestido algo similar en 2016. «Claire Danes ya hizo eso con Zac Posen», publicó Lohan. Etiquetó a Claire directamente y añadió: «Ibas preciosa, no sé por qué alguien se cree que puede ser más elegante que tú. Ni hablar».

Como siempre, la respuesta de Zendaya fue elegante, comedida y filosófica. En una entrevista con el periódico de Reino Unido *Daily Telegraph*, dijo: «No me dolió ni me puso triste porque no tengo ni idea de por lo que debe de estar pasando esa persona. Tal vez ese comentario la hizo sentir mejor. La gente solo es negativa porque la negatividad la carcome».

Mientras tanto, la prestigiosa marca francesa de cosméticos Lancôme la había cortejado y cerró un trato para que se uniera a su lista de embajadoras de belleza repleta de estrellas, entre las que se cuentan Julia Roberts, Lupita Nyong'o y Kate Winslet.

«Nos hace mucha ilusión este futuro brillante que nos espera con Zendaya, cuyo carisma e influencia en el mundo del cine, la música y la moda es innegable», anunció Françoise Lehmann, presidenta mundial de la marca Lancôme, en un comunicado. «Zendaya aporta un enfoque joven y único que complementa a la perfección la visión y la creatividad de Lancôme».

Zendaya también se deshizo en elogios: «Es un gran honor poder representar a una marca como Lancôme y unirme a una lista increíble de mujeres icónicas», anunció.

¿Qué sería lo siguiente? Zendaya había escuchado que se estaba desarrollando una nueva versión de una taquillera película de ciencia ficción de 1984, y que ya había recibido la luz verde para su producción. De la misma manera en que se había implicado para ser la chica de la película *Spider-Man: De regreso a casa*, también tenía la vista puesta en este proyecto. Quería formar parte de él y nada se lo iba a impedir.

¡HORA DE MAQUILLARSE!

Aunque había sido la musa de CoverGirl un poco antes de que la marca de lujo francesa Lancôme la nombrara embajadora mundial en 2019, Zendaya había iniciado relativamente tarde en el mundo del maquillaje. Nunca había sido la típica niña de cinco años que saqueaba el neceser de maquillaje y se pintarrajeaba entera. Para empezar, su madre, Claire, no usaba maquillaje cuando Daya era pequeña y no la crio haciéndole creer que para sentirse bonita tenía que maquillarse o peinarse de una forma concreta. Era más bien para pasársela bien. De una belleza natural, Zendaya no comenzó a experimentar de verdad con el maquillaje hasta que se presentó a las audiciones en Los Ángeles cuando era preadolescente. Tras conseguir el papel de Rocky en *Shake It Up*, con trece años empezó a aparecer en las alfombras rojas con gloss brillante en los labios, un poco de rímel y hebillas en el pelo. Al cabo de dos años, ya comenzó a usar rubor, había incorporado sombra brillante de ojos y experimentaba con labiales atrevidos. Tenía más confianza y era más arriesgada con sus peinados: lucía pelucas y extensiones para conseguir el peinado que quería, ya fuera una melena rubia y un corte *chin bob*, trenzas africanas, pelo largo y liso hasta la cintura, estilo afro, rastas, u ondas al estilo glamuroso de la época dorada de Hollywood.

Como era de esperar, Zendaya seguía sus propias normas cuando se trataba del mundo de la belleza. «Si me pides respuestas, no existen», explicó a la página web Byrdie. «La belleza no tiene definición, y si te creas una, estará siempre cambiando. Lo que te gusta a los dieciocho años será muy distinto de lo que te guste cuando tengas veintidós o treinta. No tengas prisa».

En más de una ocasión ha dicho que es más divertido experimentar que repetir siempre el mismo maquillaje. Aun así, tiene sus favoritos: «Me encantan los tonos clásicos y neutros, los cafés», confesó a *Vogue*. «Son más fáciles de difuminar, por lo que no tienes que ser tan precisa. Si te equivocas, añades un poco más y no pasa nada. Ahora sí, dicho esto, ¡me encanta una sombra de ojos amarilla! O un amarillo dorado. También me gustan unos labios rojos, sin nada más en los ojos o con solo un poco de rímel. Cuando encuentras el rojo perfecto, lo puedes cambiar todo, ¿sabes? Tiene que ser lo bastante vivo, lo bastante oscuro, sin ser demasiado azulado, ni demasiado esto ni aquello. Yo suelo recurrir a un rojo mate básico».

También le encanta el iluminador en polvo y dice que el «brilli-brilli» es su arma secreta. Después de maquillarse, se aplica estos polvos mágicos y afirma que es alucinante ver lo aterciopelado y resplandeciente que le queda el cutis.

Cuando era adolescente, Zendaya se pasaba horas viendo tutoriales de maquillaje en YouTube. Más tarde, tras años de pasar por manos de incontables maquilladores profesionales, había incorporado distintos consejos. «Cuando empecé a trabajar con maquilladores profesionales, los observaba con atención. Si me gustaba cómo alguien me había hecho las cejas, me fijaba en cómo lo hacía y lo probaba en casa», explicó a *Vogue*. «Con el tiempo, aprender a maquillarme se convirtió en probar distintas técnicas y productos de las personas que me gustaban e incorporarlas a mi arsenal. Luego fue cuestión de prueba y error. Pisaba la alfombra roja y luego miraba las fotos. A veces me decía: "Ay, parezco un fantasma" y la siguiente vez lo arreglaba. Todo se basa en probar, equivocarme y volver a probar».

De vez en cuando, cada vez que el tiempo se lo permitía, Zendaya se maquillaba ella misma para algunos eventos y aún lo sigue haciendo. Le parece muy terapéutico, sobre todo si está agobiada antes de una rueda de prensa, una alfombra roja o un acontecimiento importante. Dedicarse tiempo a sí misma la relaja.

Cuando no trabaja ni tiene una alfombra roja o sale con su familia y amigos, prefiere ir sin maquillar. Le gusta ir natural, además, tiene la sensación de que le da un respiro necesario a su piel. En lo que respecta al cuidado del cutis, tiene unas cuantas normas esenciales: limpiador, tónico e hidratante. Como le pasa cuando se maquilla ella misma, también disfruta de este ritual. «Nunca me salto el hidratante», confesó a *Vogue*. «Me da la sensación de que si no, la cara se me partiría en dos. Además, nunca me voy a dormir maquillada. Esa norma es la más importante».

A Zendaya le gusta incorporar distintos sérums de vez en cuando. También le gusta cambiar de productos para que su piel no se acostumbre en exceso a una marca en concreto, dice que los productos siempre le parecen más efectivos cuando los deja a un lado y pasado un tiempo los retoma. Cuando se le pregunta sin qué productos no podría vivir, el corrector es el primero de la lista. También le encantan los productos para las cejas, ya sea un gel con color o un lápiz para cejas. Admite que está enamorada de las suyas, pero ¿acaso no lo estamos todos? «¿Cómo puedo conseguir las cejas de Zendaya?», es una de las preguntas sobre belleza más buscadas en internet. Ha dejado que las suyas crezcan al natural y usa distintos productos para cambiar su forma y densidad. Y así, es capaz de cambiar completamente su aspecto.

Combinar su belleza natural con productos de maquillaje de la forma más creativa posible la convirtió automáticamente en el rostro de CoverGirl en 2016, antes de que la marca de lujo Lancôme la eligiera como su embajadora en 2019.

¿Y qué pasa con el pelo de Zendaya? Cuando no lleva una peluca que le queda de maravilla, prefiere llevarlo al natural. «Me gusta llevarlo así», confesó a la revista *Allure*. «Hace un tiempo recuperé mi rizo natural después de dejar de aplicarle calor y ahora intento aceptarlo mientras aprendo a cuidarlo. Cuando cumplí los quince años, me habían quemado el pelo tantas veces en los rodajes que se me caía. El calor es el peor enemigo. Encuentro otras formas de conseguir los peinados que busco: rizar el pelo durante la noche, con rulos y un secador con aire. Lleva más tiempo, pero vale la pena».

Y por último, pero no menos importante, a Zendaya le encanta hacerse la manicura desde su época en *Shake It Up*. Cuando está en Los Ángeles recurre a los servicios del grafitero y manicurista Chaun Legend. Sin embargo, no tiene ningún problema en frecuentar los salones de manicura donde vamos el resto de mortales. Eso sí, es muy exigente a la hora de quitarse el esmalte porque no quiere astillar sus uñas. Siempre las lleva perfectas, ya sea pintadas o al natural. Lo mismo ocurre con su rutina de belleza y maquillaje en general.

6

Dune: una cuestión de ciencia ficción

> Me he vuelto una friki de *Dune*, estoy muy pero muy emocionada. Soy muy afortunada de formar parte del proyecto. Es precioso y estoy tan nerviosa como todos los fans.
>
> **Zendaya, en el programa**
> **Late Show with Stephen Colbert**

Tras un intento frustrado en la década de los setenta, *Dune*, el éxito de ventas de ciencia ficción escrito por Frank Herbert, llegó a la gran pantalla en 1984. Una gran producción con un reparto cargado de súper estrellas entre las que se encontraban Patrick Stewart, Kyle MacLachlan y el cantante Sting. La película, dirigida y guionizada por David Lynch, fue un fracaso en las taquillas y la sacaron de los cines cinco semanas después de su estreno, con Lynch renegando de la producción. Tres décadas más tarde, en Hollywood estaban pensando en que una nueva versión, o más bien una nueva adaptación, del libro original de Herbert era necesaria. En noviembre de 2016, Legendary Entertainment adquirió los derechos para hacer una nueva película de *Dune* con el director francocanadiense Denis Villeneuve, director de *Intriga*, *La llegada* y *Blade Runner 2049*, quien se sumó al proyecto un mes después. Tras haber leído el libro cuando era joven, dijo que su «sueño» sería dirigir la versión cinematográfica de la historia. Y el sueño de Zendaya era interpretar a Chani, la enamorada del protagonista, Paul Atreides. Chani forma parte de los Fremen, los nativos del planeta Arrakis. Paul no sabe quién es cuando ella aparece en sus visiones. Se conocen después de que su familia llegue al arduo desierto de Arrakis, también llamado Dune, y ella se convierte en su protectora, su guía y, finalmente, en su amante y esposa. La relación cambiante entre Paul y Chani, que tiene repercusiones no solo en sus vidas, sino en todo el planeta Arrakis, y posiblemente en la galaxia entera, es un elemento crucial de la historia, aunque al principio a Chani le cueste abrirse al heredero de Atreides.

«Me enteré del proyecto antes de que empezaran a considerar el elenco. Y me puse en plan "Quiero formar parte de eso"», expuso Zendaya a *Vogue*. «No se habían planteado que yo pudiera ser una opción, pero yo les hice saber que estaba disponible».

Para preparar su audición, Zendaya leyó la novela de Herbert y desde un inicio quedó sorprendida y contenta de sentir una conexión real con el libro. El mundo de *Dune* le era extrañamente familiar y se lo comentó a su madre, Claire, quien le contó que su padre, el abuelo de Zendaya, había sido un gran admirador de la saga Dune y tenía los libros en su casa. Esto hizo que Zendaya se diera cuenta de lo importante que era ese mundo misterioso e irreal para los fans: era un sitio al que habían podido escapar durante años y años.

Zendaya había visto millones de veces el tráiler de *Intriga* de Villeneuve. Se moría por trabajar con él, y más en una película que tenía el potencial de ser épica y en la que tendría la oportunidad de interpretar un personaje de otro planeta. Sospechaba que no estaba en el radar de los productores, pero atrevida como siempre, hizo lo que ya había hecho en situaciones parecidas: los convenció para que accedieran a verla con la esperanza de dejarlos alucinados. Al igual que con *Spider-Man*, la estrategia funcionó. Villeneuve vio a muchas actrices para ese papel, pero al conocer a Zendaya, esta le hizo creer que había crecido en un planeta alienígena, en el corazón del desierto, en un medio muy hostil. Más tarde el director dijo que había quedado asombrado por la precisión de su interpretación, su inteligencia, su paciencia y su gran generosidad. Zendaya era, según Villeneuve, una de las actrices más profesionales con las que había trabajado y reveló que, viéndolo en retrospectiva, se arrepentía de haberla sometido al casting, que lo hizo porque en aquella época aún no la conocía.

Más tarde, Zendaya explicó a la revista *W* que su «prueba de compatibilidad» con Timothée Chalamet, el elegido para interpretar a Paul Atreides, había sido muy angustiosa. «Me acababan de arrancar las muelas del juicio», detalló. «Mi mayor miedo era tener la boca hecha un desastre y tener que hacer una escena con Timothée en la que tuviéramos que estar muy juntos y mi aliento oliera mal por culpa de la alveolitis seca».

Se preocupó innecesariamente. No tuvo alveolitis seca. Sin embargo, sí tuvo una química palpable con su compañero de reparto. Los dos vieron en el otro un alma gemela desde el principio. «Me uní mucho a Timothée», comentó a *Entertainment Weekly*. «Los dos dijimos "Oye, qué bien, seremos mejores amigos, lo veo"».

El papel de Chani en la primera película de *Dune* era pequeño, pero prometía mucho en la segunda, para la que esperaban la luz verde poco después del estreno —y el éxito— de la primera. Zendaya viajó a Oriente Próximo en el verano de 2019 para grabar sus escenas. La mayor parte de las escenas ambientadas en Arrakis se grabó en el desierto Uadi Rum, en Jordania, también conocido como el Valle de la Luna. Es un sitio seco, inhóspito y hostil que parece no tener fin. Zendaya quedó cautivada. Nunca había estado en un sitio así y lo mejor de todo es que en ese lugar tan especial sería donde iba a trabajar, ¡aunque solo fuera por unos días!

Como le ocurrió con Sam Levinson en *Euphoria*, Villeneuve era su referencia predilecta para plantear cualquier duda en relación con Chani. En esas largas charlas con el director, que era muy detallista, todas las preguntas que le surgieron encontraron respuesta. Zendaya describió parte del proceso de desarrollo de su personaje a la revista *Empire*: «Chani es una luchadora, todo su pueblo lo es. Solo he pasado unos días con ella, así que me he quedado en la superficie, pero ha sido muy divertido descubrirla. ¿Cómo camina, cómo habla? Este es su planeta, así que ¿cómo se comporta aquí? Me la he pasado muy bien».

Solo estuvo rodando unos cuantos días. Por corto que fuera el rodaje, fue una muy grata experiencia y le dejó una impresión indeleble. Había aprendido mucho como actriz y se había vuelto mejor solo de estar cerca de Denis y ver cómo dirigía e interactuaba con los otros actores. «Es muy amable y atento con todos. Yo solo estuve ahí cuatro días ¡y no quería irme! Denis sabe lo que quiere de nosotros pero también le gusta que hagamos aportaciones y dejemos nuestra huella en el personaje. No quiero estropear nada, pero me muero de ganas por seguir explorándola. Espero poder seguir aprendiendo de Denis. Me encanta aprender de gente que es brillante haciendo su trabajo».

A finales de esa semana, no quería irse. Había descubierto que Denis tenía una faceta afectuosa que creaba una sensación de verdadera familia y comunidad en el set de rodaje. Desde el primer momento Zendaya se sintió como en casa y arropada por el equipo y el elenco de quienes dijo que eran un amor. Era un ambiente de apoyo y respeto mutuo, capitaneado por un director con una visión firme y orientadora, pero que estaba abierto a las aportaciones de cualquiera. La unión del elenco, a pesar de la envergadura de la producción, provocó que Timothée describiera su experiencia como «una película independiente con esteroides». En el rodaje, el vínculo entre Zendaya y Timothée se estrechó. La actriz descubrió que Timothée no solo era un actor con mucho talento, sino también una persona maravillosa y un buen amigo. Era alguien que entendía a la perfección cómo había sido su vida y con quien podía hablar del tema. Timothée, según Zendaya, se volvió como de la familia, como le había ocurrido con Law y con Darnell.

«Yo era la única persona de su edad en el elenco. Así que para él fue como "Perfecto, ¡alguien que entiende mis bromas!". Además, nos la pasamos muy bien», insistió a la revista *Empire*. Cuando no estaban rodando, estaban bailando en el remolque de Zendaya. «Aparecía con una grabadora portátil y canciones de los 2000 de Soulja Boy». Su ilustre coprotagonista, Javier Bardem, se presentó también un día y Zendaya le tomó una foto con polaroid bailando.

La actriz había tenido muchas ganas de interpretar a Chani, pero la realidad había sobrepasado sus expectativas. Siempre había sido muy fan de las películas de ciencia ficción y siempre había querido participar en una que fuera épica de verdad. *Dune* lo era, pero le hizo sentir que formaba parte de otro mundo. «Estar allí fue increíble», explicó a Den of Geek. «El espacio me dejó alucinada al instante y también trabajar con Denis, Timothée y todo el mundo». El propio Timothée, cuando lo entrevistó la revista *Elle* y le preguntó qué le había parecido grabar *Dune*, respondió: «Uy, amigo, es que fue maravilloso. Me sentí muy poderoso con ese traje y caminando entre esas preciosas formaciones rocosas. Fue fantástico y emocionante participar de toda esa magia».

Igual de mágica le pareció a Villeneuve la interpretación de Zendaya. Aunque no tuviera un gran papel en la película, el director puso el foco en ella.

«A medida que evolucionaba la película, Chani iba creciendo y creciendo porque me fascinaba Zendaya, su presencia y magnetismo», explicó a winteriscoming.net. «Grababa cada vez más escenas con ella. Improvisamos cosas. Me inspiraba mucho».

Además de su aventura en *Dune* ese verano, Zendaya estuvo ocupada con la gira de promoción de *Spider-Man: Lejos de casa*, que se estrenó el 26 de junio. Como ya se vio en los viajes para la película anterior, la relación entre ella y Tom Holland era muy familiar. Salían con sus compañeros Jake Gyllenhaal y Jacob Batalon por Disneyland, en Anaheim, California, y pasaban tiempo en la ciudad natal de Holland,

Londres, donde hicieron mil y una entrevistas. Tom atribuía a Zendaya el mérito de haberle enseñado a manejar la fama.

«Que forme parte de mi vida ha sido clave para mantener la cordura», confesó el actor a Yahoo Entertainment. «Es muy buen modelo a seguir tanto para chicos como para chicas jóvenes. Cuando se le acerca alguien y le pregunta "¿Nos podemos tomar una foto?", nunca es un mal momento. Y en cambio, mi reacción al principio solía ser "¿Es a mí? Déjame en paz"».

Tom continuó deshaciéndose en elogios dedicados a la actriz durante toda la gira. Explicó que él y Zendaya, junto con su compañero Jacob Batalon, se habían convertido en mejores amigos mientras grababan la primera película de *Spider-Man*, y también confesó lo importante que había sido Zendaya cuando su vida empezó a cambiar. Sus consejos ayudaron a tomarse las cosas de forma diferente. El actor sabía que Zendaya tenía razón: ahora Tom era un modelo a seguir para millones de personas, ya no era un actor anónimo de las afueras de Londres.

Zendaya enseñó a Tom que la fama y que te reconocieran constantemente formaba parte del trabajo, de modo que el actor aprendió a sonreír para cada foto, a abrazar a cada fan, a participar en los *meet and greet* en Disneyland. A estar siempre dispuesto y amable, a pesar de que no se sintiera igual. En 2022, explicó que, unos años atrás, un día estaba paseando por Londres y un grupo de chicos empezó a seguirlo y a tomarle fotografías. «Había ocurrido una cosa en mi vida que me había puesto de muy mal humor», relató a Yahoo. «Yo solo estaba intentando aclarar las ideas y me di la vuelta y les dije que me dejaran en paz». Pero al cabo de unos metros, Holland volteó y se disculpó. «Me tengo que recordar que ser Spider-Man es más una responsabilidad que un simple trabajo», añadió. «Hay niños que sufren acoso escolar en la escuela, que sienten que no encajan y Spider-Man es su referencia, ¿sabes? Y ahora mismo, yo soy él».

Tom se dio cuenta de que poder contar con Zendaya como amiga era clave para el éxito y la felicidad, tanto en su vida como en su carrera profesional. Zendaya, por su parte, no dejaba de alabar a Tom. Decía que lo admiraba por la forma en que había llevado la presión de ser Spider-Man y tener que hacer de superhéroe en todo momento. Entendía la faceta perfeccionista del actor y le encantaba que fuera gracioso, carismático, que supiera escuchar. Cuando estaba con él se sentía cómoda y se la pasaba bien.

Con tanta admiración mutua, era inevitable que surgieran especulaciones sobre una posible relación, como pasó desde el momento en que les habían dado sus papeles para *Spider-Man: De regreso a casa*. Incluso circulaban rumores de que se habían ido de vacaciones por Europa. Zendaya los desmintió enseguida. ¡Pues claro que habían estado juntos por Europa! ¡Estaban de gira presentando la película!

Los conjuntos que se puso durante esa gira tenían babeando a las revistas, a las páginas web de moda y a sus millones de fans y seguidores. El espectacular vestido azul cobalto y los taconazos negros y plateados que lució tras su aparición en *The Late Show with Stephen Colbert*; el alegre minivestido naranja de Carolina Herrera y el pañuelo de seda a conjunto de unos tacones blancos de Christian Louboutin que llevó durante el programa; el conjunto de pies a cabeza de estilo piyama en rojo con estampado de Fendi que llevó durante una visita a los estudios de MTV en Nueva York; el abrigo de piel monocromo de Dice Kayek que llevó en otra ocasión; el traje de satín y gris metal de Peter Do para el estreno de *Spider-Man: Lejos de casa* en el Empire State Building; otro conjunto azul de Peter Do que se puso para dar una vuelta por la ciudad; un vestido corto y translúcido encima de unos pantalones del mismo diseñador para aparecer en el programa *Good Morning America* en Nueva York. En Londres, su estilo era un poquito más formal. Para la cena de equipo en Cartier Bond Street, escogió un vestido de color vino de Neil Barrett con unos tacones de Giuseppe Zanotti. Se vistió con un top y una falda de rayas de Emilio Pucci para el directo de Facebook de *Spider-Man: Lejos de casa* y para la sesión fotográfica en el Hotel Corinthia en Londres. Otra muy buena elección fue la que llevó en la sesión fotográfica en la Torre de Londres, donde se vistió con un saco ceñido de Alexandre Vauthier y un pañuelo de hombre.

Sin embargo, se guardó lo mejor para el final y apareció cual superheroína de la moda en el estreno de la película en el TCL Chinese Theatre en Hollywood a finales de junio de 2019. El público se quedó sin palabras. Zendaya llegó a la alfombra roja con un vestido de lentejuelas rojas y negras con la espalda descubierta de Armani Privè y tacones de Christian Louboutin. «Si ella fuera Spider-Man», publicó Law Roach en Instagram, «este sería su traje». Para la fiesta posterior, Zendaya se puso un vestido verde oliva y cuello alto de Balmain que tenía aberturas en los sitios perfectos.

Spider-Man: Lejos de casa se estrenó a nivel mundial el 2 de julio de 2019. En general, la película recibió críticas positivas que alabaron el humor, las secuencias de acción, los elementos visuales y las interpretaciones de Holland y Gyllenhaal. La actriz también recibió elogios: «Zendaya brilla, suelta ocurrencias con un humor muy afilado», fue el veredicto de la revista *Empire*. Y en Den of Geek señalaron que «Zendaya tiene una química fácil con Holland que es mucho más relajada que en el melodrama romántico de la época de Tobey Maguire o de Andrew Garfield».

La película facturó más de 1.1 miles de millones a nivel mundial y se convirtió en la primera película de Spider-Man en superar el millar de millón de dólares. Era la cuarta película con mayores beneficios de 2019 y se convirtió en la película con más beneficios de Sony Pictures.

Una vez hubo terminado con la promoción de *Spider-Man* y tras enterarse de la magnífica noticia de que *Euphoria* iba a tener segunda temporada, Zendaya decidió dar un giro inesperado —algo muy propio de ella— e irse de vacaciones, ¡las primeras vacaciones que disfrutaba en su vida! Se fue a Grecia en agosto de 2019, y celebró allí su vigesimotercer cumpleaños el 1 de septiembre. Cuando la vieron en la acrópolis de Atenas con su compañero en *Euphoria* Jacob Elordi —y una vez que los paparazzi los fotografiaran mientras él le daba un beso— corrieron los rumores y los fans se volvieron locos. ¡Rue y Jules estaban juntos! Pero aunque lo estuvieran, no era un viaje romántico de pareja: Law Roach y Darnell también habían ido, de hecho, se dice que la actriz le había dado su tarjeta de crédito a Darnell para no saber cuánto se gastaba y así no agobiarse por ello. Estaba también parte de su familia. «Me fui de vacaciones con mi familia, y fue muy bonito», publicó en Instagram. «Fue la primera vez en la que me relajé y me olvidé del mundo durante unos días». También añadió que había desconectado tanto que se sorprendió de ver su rostro en la campaña de Lancôme cuando pisó el aeropuerto de Los Ángeles.

De vuelta en Estados Unidos, Zendaya dio a conocer su segunda colección para Tommy Hilfiger en el desfile experiencial TOMMYNOW que se celebró en el icónico teatro de Harlem, el Apollo Theater, en el marco de la Semana de la Moda de Nueva York el 8 de septiembre de 2019. Muchos de sus compañeros de reparto de *Euphoria* estaban presentes para darle apoyo moral. Esta colección TommyXZendaya Holiday 2019 se describió como una celebración del estilo *power dressing* de los años setenta y ochenta redefinido con un toque atrevido y moderno. Se destacó un vestido largo de punto, de rayas y metalizado; un vestido y una blusa de seda natural con tonos metálicos y un estampado de constelaciones, y un saco de terciopelo con un solo botón y unos pantalones de esmoquin.

«Los característicos estampados de pata de gallo y de lunares de la marca, en proporciones a las que estamos poco acostumbrados, dan un toque inesperado a faldas largas y vestidos cruzados», rezaba el magazín publicitario. «Los tonos burdeos cálidos se mezclan con los tonos metálicos y las paletas monocromáticas para darles un aire de frescura. Las telas lujosas dan unidad a la colección, desde los cueros cremosos y las pieles sintéticas hasta los terciopelos opulentos y los jeans de alta calidad. Inspiradas en mujeres poderosas, las formas atemporales se reinventan para una nueva era».

A finales de septiembre, Zendaya fue presentadora en la gala número 71 de los Emmy, y aportó su habitual magia en la alfombra roja. Con el pelo largo y suelto, llevó un vestido Vera Wang de color verde esmeralda con un corsé y una abertura hasta el muslo, unos zapatos a conjunto y joyas de Cartier. *Harper's Bazaar* la calificó de «diosa verde». Seis semanas después recibía no uno, sino dos premios. En los People's Choice Awards, ganó el premio a mejor actriz en una serie dramática de televisión por *Euphoria* y a mejor actriz femenina en una película por *Spider-Man: Lejos de casa*. Llevó un vestido negro con aberturas y unos tacones Louboutin, y agradeció a los fans haber convertido *Euphoria* en el inmenso éxito que había sido.

«*Euphoria* y Rue son una de las cosas más maravillosas que me han pasado», dijo en el discurso de agradecimiento. «Gracias a todos por recibirla con el corazón abierto. Quiero decirle a cualquiera que se haya sentido comprendido por la serie, en nombre del equipo y los compañeros y de todo el mundo, que es lo único que queríamos. Así que les agradezco que nos lo hayan permitido».

A finales de ese año, que había sido excelente para ella, Zendaya se fue a Sídney, Australia, para recoger su premio a Mujer del Año que le otorgaba *GQ Australia*. No podría haberlo recogido con más elegancia. Con el pelo largo y suelto y un maquillaje muy natural, optó por un saco blanco que le llegaba justo por encima de la cintura y una falda larga a conjunto diseñadas por Monot, luciendo accesorios de Vhernier y zapatos de Christian Louboutin.

«Dudo que exista alguien que haya tenido un mejor año que Zendaya», dijo el editor de *GQ* Mike Christensen antes de la llegada de la estrella. «Ha alcanzado su madurez. Apareció en *Spider-Man: Lejos de casa* y también fue la estrella de la serie *Euphoria*. Este año es su año, por eso es una maravilla que alguien como ella sea nuestra Mujer del Año. No es una actriz cualquiera, se esfuerza por tener muchos seguidores y servirles de referente, sobre todo, a las nuevas generaciones».

Cuando subió a recoger el premio, Zendaya estaba tan elegante y encantadora como siempre. «Muchísimas gracias, es todo un honor», dijo. «Mujer del Año… Es una locura porque tengo veintitrés años y justo estoy descubriendo cómo es ser una mujer joven. Lo voy entendiendo sobre la marcha. No sé qué decir… Es un grandísimo honor. A veces voy haciendo y no paro, no paro, no paro y me olvido de frenar para asimilar momentos como este. Trabajo tanto que me olvido de vivir, de estar presente en esos momentos en los que puedes pararte a mirar y asimilarlo todo por un segundo. ¡Carajo, esto me está pasando de verdad! Qué increíble. Gracias por permitirme usar el arte para conectar con la gente y, espero, que también para tener un impacto positivo en su vida».

Con la llegada de la década de 2020, a Zendaya le esperaban muchas cosas buenas. Hacer otra temporada de *Euphoria*, el esperado estreno de *Dune*, otra posible película de *Spider-Man*. Además, su vida amorosa también parecía ir viento en popa. La habían visto con Jacob besándose en Nueva York. Según una fuente de E! Online a principios del año 2020, hacía seis meses que eran pareja.

«Jacob y Zendaya se han estado viendo desde hace meses», reveló la fuente. «Empezaron siendo muy amigos, pero se convirtió en algo más cuando terminaron de grabar la serie. Han sido inseparables desde el verano pasado y han buscado tiempo para estar juntos entre un proyecto y otro. Jacob conoció a la familia de Zendaya y a todo el mundo le encanta. Se la pasan muy bien juntos y tienen muchas cosas en común».

La actriz acudió a la ceremonia de los Critics' Choice Awards en enero de 2020, donde estaba nominada a mejor actriz en una serie dramática por haber interpretado a Rue en *Euphoria*. Estaba nominada junto con una dura competencia: Christine Baranski (*The Good Fight*), Olivia Colman (*The Crown*), Jodie Comer (*Killing Eve*), Nicole Kidman (*Big Little Lies*), Regina King (*Watchmen*), Michaela Jaé Rodriguez (*Pose*) y Sarah Snook (*Succession*). Perdió ante Regina King, pero fue la ganadora indiscutible en el vestir, ataviada con un peto fucsia de Tom Ford ajustado a su cuerpo y una falda fluida a conjunto. Lo complementó con unos aretes de Mateo New York, anillos de Djula y tacones de Christian Louboutin.

En la alfombra roja, Zendaya confesó a la prensa que *Euphoria* le había enseñado mucho sobre sí misma y le había dado mucha más confianza en sus propias habilidades, porque dudaba mucho de sí misma. La había espoleado y le había permitido explorar de verdad toda su creatividad. Antes de la serie, la actriz admitió que no había tenido ningún trabajo que la impulsara tanto o que le permitiera ser tan creativa.

«Buscaba algo que me demostrara de qué soy capaz», continuó. «*Euphoria* me ha servido para eso, de una forma muy sana. No quiero quedarme estancada como actriz, quiero poder explorar y atreverme con nuevos papeles. Ser actriz me lleva a lugares y me permite hacer cosas que de otro modo no hubiera podido ni imaginar».

Estaba a punto de empezar a grabar la segunda temporada en marzo de 2020, pero entonces… ¡el mundo se paralizó!

COMPARTIR ES VIVIR

Algunas estrellas solo toman, toman y toman sin dar nada a cambio. Pero Zendaya, no. Desde que empezó como niña Disney, siempre ha sido muy consciente de su buena suerte y ha estado decidida a compartirlo.

En diciembre de 2011 donó un porcentaje de sus ganancias por el video de la canción «Swag It Out» a la campaña de «Toys for Toys», que todas las Navidades da miles de regalos a niños y niñas desfavorecidos. Además, junto con otras estrellas Disney, fue embajadora de «Friend for Change», otra campaña que ayudaba a niños a hacer cambios que tuvieran efectos positivos en otras personas, comunidades locales y en el planeta. Zendaya y su coprotagonista en *Shake It Up*, Bella Thorne, animaron a niños de todos lados a presentarse como voluntarios y a convertirse en líderes del proyecto. Ella y Bella también se asociaron a la revista *Seventeen* y a la organización Donate My Dress para que hicieran correr la voz y así ayudar a chicas desfavorecidas a ir al baile de graduación de su preparatoria. Zendaya promocionó el acontecimiento y donó un vestido suyo para la causa. Cuando cumplió los quince y los dieciséis, Zendaya ya había donado mochilas a escuelas de primaria de Oakland.

En octubre de 2012, la actriz actuó en el estadio Sports Arena de Los Ángeles. El concierto se hacía por una causa benéfica, Operation Smile, una organización que ayuda a tratar a niños que nacen con el labio y el paladar hendidos. Además, ese mismo mes, Zendaya anunció que se había asociado con la organización benéfica Convoy of Hope para recaudar un millón de dólares y ayudar a las víctimas del huracán Sandy, que asoló la costa este de Estados Unidos. Promocionó otras iniciativas de ayuda humanitaria de la misma organización y, en 2014, junto con el cantante MAX y el cantante, compositor y productor musical Kurt Schneider, grabó una versión de la canción «All of Me», de John Legend. En esa ocasión, un porcentaje de los beneficios se donaron a Operation Smile. Ese mismo año lideró la campaña «Trick-or-Treat» de UNICEF, antes de viajar a Sudáfrica en julio de 2015 en nombre de ONUSIDA, el programa benéfico de las Naciones Unidas para prevenir el VIH y el sida, que también proveía el acceso a los tratamientos. Además, colaboró en otra recaudación de fondos para CrowdRise, cuyos recursos se destinaron a una organización benéfica relacionada con el sida en Soweto.

La mayoría de millennials se pasa el cumpleaños celebrándolo por todo lo alto y saliendo de fiesta con sus amigos. Pero Zendaya, no. Aunque disfrutaba las celebraciones sencillas con su familia, en su decimoctavo, decimonoveno y vigésimo cumpleaños hizo donaciones a organizaciones benéficas. Su primera acción altruista la llevó a cabo cuando cumplió los dieciocho, organizando un evento que recaudaba fondos para alimentar a más de cien niños malnutridos en Haití, Tanzania y las Filipinas. Todo fue gracias a una alianza con la organización feedONE, una iniciativa de Convoy of Hope, que ayuda por todo el mundo a quienes les faltan recursos para alimentarse.

«Demasiados niños volverán este año a la escuela con hambre, pero podemos hacer algo para remediarlo», aseguró Zendaya a Convoy of Hope. «Mi generación tiene la oportunidad de cambiar el mundo. Con esta iniciativa, he alzado la voz y la uso para dar esperanza a otra gente».

Cuando cumplió los diecinueve, tras otro viaje a Sudáfrica, donde había conocido a tres hermanos cuyos padres habían muerto de sida y quienes, como consecuencia, vivían en condiciones atroces, Zendaya organizó una recaudación de fondos junto con la fundación ONUSIDA. Al cumplir los veinte, volvió a unir fuerzas con Convoy of Hope para organizar una campaña que recaudaría cincuenta mil dólares para la iniciativa Women's Empowerment. «Quiero ayudar a recaudar fondos para mujeres empobrecidas», dijo Zendaya a sus seguidores. «Este programa les ayuda a cuidar de sí mismas y de sus familias y a romper el círculo de la pobreza». Los fondos recaudados ayudaron a mujeres que vivían en El Salvador, Tanzania, Kenya, Filipinas y Nicaragua.

«Estamos muy agradecidos por el gran corazón que tiene Zendaya y su voluntad de ayudar a mujeres con necesidades», explicó Hal Donaldson, cofundador y presidente de Convoy of Hope. «Nos permite dar fuerza y dignificar a personas de todo el mundo».

En septiembre de 2017 se unió con la fundación Verizon como portavoz de su iniciativa nacional #weneedmore para acercar la tecnología y dar más oportunidades de aprendizaje a los niños. También los animó a orientarse al mundo de la ciencia, la tecnología, la ingeniería y las matemáticas. En marzo de 2018, Zendaya se asoció con Google.org y su misión «bring the best of Google» para implementar un innovador plan de informática en una escuela comunitaria de Oakland. Como persona con aversión al acoso escolar, en octubre de 2013 participó en la campaña en contra del acoso escolar de la marca Procter and Gamble «Mean Stinks» (ser malo apesta) y copresentó una asamblea que se transmitió en directo por todo el país y a la que se unieron casi quinientas escuelas. En septiembre de 2017, junto con sus compañeros de reparto en *Spider-Man: De regreso a casa*, participó en el anuncio de la campaña de concientización STOMP Out Bullying. Dos años después, en colaboración con Yoobi, una organización benéfica que donaba material a las escuelas, sorprendió a los alumnos de la escuela primaria Global Family de Oakland, su ciudad natal.

«Gracias, @yoobi, por ayudarme a sorprender a todos los alumnos de una escuela muy especial de mi ciudad natal, Oakland, con el material escolar necesario ¡para empezar muy bien el curso!», fue el pie de foto que escribió Zendaya en una selfi que publicó en sus historias de Instagram con un grupo de alumnos.

El día quedó plasmado en el perfil de Instagram de la organización. «Hola, soy Zendaya», decía ella en un video. «Estoy en mi ciudad natal, Oakland, y estamos en una escuela maravillosa a punto de dar una sorpresa a todos los niños, con material escolar que traemos para ellos. Ellos están ahí dentro, ¡aún no saben que vine!».

Zendaya siempre ha sido feminista. Ya en 2015 había explicado a la revista *Flare* lo que ella entendía por este término: «Una feminista es una persona que cree en el poder de las mujeres tanto como cree en el poder de cualquier otra persona. Es igualdad, es justicia, y creo que es maravilloso formar parte de esto».

Tras participar en una marcha feminista para demostrar su apoyo a los derechos de las mujeres en Washington DC en enero de 2017, manifestó a la revista *Vogue* que el feminismo debía englobar «a las mujeres que se parecen a ti, a las que no, y a las que han tenido experiencias distintas a las tuyas».

En muchas ocasiones, Zendaya ha hablado de sus experiencias como actriz negra en Hollywood, y ha aprovechado sus redes sociales para poner de relieve los problemas relacionados con la injusticia racial, el *body shaming* y el acoso escolar. Apoya el movimiento Black Lives Matter (BLM), participó en las protestas por el caso George Floyd en 2020 y durante un tiempo puso su cuenta de Instagram a disposición de Patrisse Cullors, cofundadora del movimiento BLM, para concientizar y compartir recursos antirracistas. Zendaya ha seguido denunciando el racismo y defendiendo con vehemencia a las mujeres negras y los problemas a los que se enfrentan. Ha dicho que si tuviera que dirigir o crear una película, contrataría actrices negras para los papeles protagonistas. Como amante de las artes, Zendaya cree que los proyectos artísticos pueden lograr cambios. Con el incidente por sus rastas en la ceremonia de los Oscar de 2015, Zendaya, con solo dieciocho años, demostró que todo el mundo puede usar su voz. Expresó sus creencias y valores de una forma digna y racional, y al hacerlo se ganó el apoyo de muchos, al mismo tiempo que abogaba por un cambio que beneficiara a la humanidad. Después de esto, Zendaya recibió el premio Young Luminary Award en la Universidad Estatal de Pennsylvania. En su discurso dijo: «Hay muchísima inspiración aquí, en esta sala. No hay límite de edad para ayudar a las personas e inspirarlas y yo quiero ser una muestra viviente de eso».

Desde los Oscar de 2015, Zendaya ha seguido usando su posición para hablar de la raza y la justicia social.

«Me inspiran las personas que usan de verdad sus plataformas», explicó en una entrevista para la revista *Glamour* en 2017. «Si la gente sabe quién eres, debería saberlo por una buena razón».

A menudo explica que siente la responsabilidad de ayudar a representar a la comunidad negra en la gran pantalla. Ha hablado de las dificultades que ella misma ha vivido a la hora de conseguir papeles dirigidos a actrices blancas, y de su incansable lucha por la diversidad en Hollywood. En 2018, confesó a *Marie Claire*: «Siempre le digo a mi mánager: "Aunque digan que buscan una chica blanca, tú mándame. Deja que entre ahí. Tal vez cambien de opinión"».

Es consciente de que su piel más clara le permite conseguir más papeles que a sus compañeras de piel más oscura. «Supongo que se podría decir que para Hollywood soy la versión aceptable de una chica negra, y eso tiene que cambiar», sintetizó en BeautyCon en 2018. «Somos demasiado bonitas e interesantes para que solo yo pueda representarnos a todas».

Profundizó en este tema en *The Hollywood Reporter* en 2020: «Creo que es importante como mujer de piel más clara reconocer mis privilegios en ese sentido y asegurarme de que no ocupo un espacio que no me corresponde».

Zendaya no solo está decidida a abrir puertas, sino también a dejarlas bien abiertas para aquellas artistas que vendrán tras ella. Como hicieron Halle Berry, Angela Bassett y Beyoncé para ella.

A lo largo de los años, Zendaya ha sido una firme defensora del derecho al voto. En octubre de 2016, participó junto a otros famosos en la iniciativa Vote Your Future y apareció en el video de la campaña. En septiembre de 2020, junto con la ex primera dama Michelle Obama, animó a las chicas jóvenes a comprobar su inscripción en el censo electoral antes de las elecciones. Al mes siguiente, compartió un video en el que aparecía votando para recodar a la gente la importancia de hacerlo. El apoyo de Zendaya a la comunidad LGBTQ+ es muy conocido y ha sido elogiado por la comunidad transgénero por haber puesto de relieve la causa en *Euphoria*, donde su personaje, Rue, inicia una relación romántica con una chica trans, Jules, personaje interpretado por la actriz y modelo trans Hunter Schafer.

Zendaya es el referente perfecto para las mujeres jóvenes del mundo. No solo lucha por todas ellas, además ha decidido dedicar su vida a apoyar a aquellas cuyas circunstancias son más complicadas. Siempre ha sido única en Hollywood, por su humildad, madurez y sinceridad desacomplejadas. Y aunque no es la única actriz que lucha por los derechos de las mujeres y otras incontables causas, Zendaya se merece el mismo reconocimiento que estrellas de la talla de Angelina Jolie. Reconoce las injusticias que hay en el mundo y hace todo lo que está en su mano para cambiar el *statu quo*. Todos deberíamos esforzarnos por ser más como Zendaya.

7

Confinada

> No sé cómo es la Zendaya real, más allá de la Zendaya que trabaja.
>
> **Zendaya, en una entrevista con**
> **_Entertainment Tonight_ a través de Zoom**
> **durante la pandemia por covid-19**

No sabía qué hacer. Durante más de diez años —excepto por esas vacaciones en Grecia— nunca había dejado de trabajar. Trabajaba tanto como era posible, aprovechaba cada hora de cada día. Grababa, iba a reuniones para nuevos y emocionantes proyectos, viajaba por el mundo para grabar en un lugar en concreto o para promocionar sus últimos estrenos, concedía entrevistas en persona o posaba para revistas de moda, acudía a alfombras rojas o ceremonias de entrega de premios.

Pasó los primeros días de la pandemia trabajando en la segunda temporada de _Euphoria_. Se había estado preparando. Pero en marzo de 2020, justo unos días después de la primera lectura del guion con el elenco, los protocolos de seguridad de Hollywood paralizaron todas las producciones. ¿Y ahora qué? Nada. *Rien de rien*. La maldición del covid-19 iba dominando el mundo entero y también afectó la vida de Zendaya. La actriz sabía que no debía quejarse. Y no lo hizo, excepto para sí misma. En todo el planeta, centenares de miles de personas morían a causa de esta desconocida enfermedad, mientras que otros sufrían secuelas irreparables. Muchísimas lloraban la pérdida de seres queridos. También había quienes veían cómo su sustento se iba a pique a consecuencia de la pandemia. Zendaya era muy consciente de la suerte que tenía. Tenía salud, el trabajo la esperaba cuando todo aquello terminara, no tenía problemas económicos y estaba aislada en la preciosa y enorme casa de California que se había comprado en el cotizado barrio de Encino en Los Ángeles. Esta nueva casa, construida en 1939, era espectacular. Medía 465 metros cuadrados y estaba rodeada por 1.6 hectáreas, contaba con seis dormitorios, siete cuartos de baño, una casa de invitados de dos dormitorios, una alberca deslumbrante y diversas prestaciones de lujo. Y además, el sol brillaba la mayor parte de los días. Sin embargo, había trabajado sin pausa desde que tenía trece años. De modo que, cuando se encontró con que solo tenía tiempo libre, se preguntó «¿Qué hago con esto? ¿Quién soy sin mi trabajo? ¿Cómo encuentro el sentido y un objetivo?». Ni siquiera tenía aficiones. Su única afición era aquello a lo que se dedicaba. No sabía tener tiempo de ocio. Le gustaba estar en un set de rodaje: esa era su vida social. El tiempo libre la aburría. Una vez afirmó en una entrevista con *Vogue*: «Odio el tiempo libre. No sé qué hacer cuando no trabajo».

Confinada en casa, Zendaya tuvo que aceptar el hecho de que la esperaba un gran reto. No le quedaba ninguna otra opción que esperar. Se pasó el confinamiento en casa con su asistente, Darnell, y su perro, Noon. En los pocos días libres que tenía antes de la pandemia se quedaba en casa y remiraba sus películas favoritas de Harry Potter —dice que es de Gryffindor, y no nos sorprende—, pero eso no podía hacerlo cada día porque no sabía cuándo terminaría todo aquello. Al principio dedicó muchas horas a reorganizar sus armarios y su maquillaje, incluso colocó sus labiales de Lancôme por colores. También vio un montón de series de televisión, a menudo se terminaba una temporada en un día. Como quería mantener el buen humor, miró unas cuantas películas de animación, como su gran favorita, *Shrek*, y videos graciosos en YouTube de caídas o de perros y gatos haciendo cosas raras. Pero ¿y luego qué? Como muchos de nosotros durante esa época tan extraña, trató de encontrar nuevas aficiones, como pintar —su compañera en *Euphoria* Hunter Schafer le había regalado pinturas al óleo.

«Creo que se me da bastante bien», dijo a la revista *In-Style*. «Pinté una figura femenina y fue una de mis primeras veces con pinturas al óleo. Hunter, que es una de las personas más especiales que conozco, es una artista espectacular. De vez en cuando saco los pinceles y pruebo a pintar algo. También ella me inspiró a tener un cuaderno de bocetos».

Pero ser tan perfeccionista a veces suponía un problema. Zendaya perdía el interés si no sentía que el resultado fuera lo suficientemente bueno, aunque no hubiera pintado en la vida. Si no era Picasso al instante, ¡ni intentarlo! Se compró un piano con la intención de aprender a tocarlo durante el confinamiento. Aprendió una melodía de tres acordes que descartó por no ser «muy emocionante».

Necesitaba algo que la motivara. Le dijo a su asistente Darnell que quería hacer más ejercicio, porque creía que eso le ayudaría tanto a nivel físico como mental, pero nunca había sido su pasión.

«Durante la cuarentena lo intenté», declaró más tarde a la revista *GQ*. «Lo hice durante cinco días seguidos… Y luego dije "¿Sabes qué? Esto será lo que haga. Mantendré el cuerpo activo. Tengo que hacerlo". No duré mucho más».

Y entonces le llegó la inspiración. Aunque por poco tiempo. Zendaya decidió aprovechar todas las pelucas que poseía, cortesía de las incontables alfombras a las que había asistido a lo largo de los años. Como echaba de menos los escenarios y las pantallas, se ponía distintas pelucas y fingía ser distintos personajes. Cada día montaba un espectáculo para Darnell, quien a veces lo grababa con el celular. Pero eso solo le llevaba aproximadamente una hora al día y no tardó mucho en cansarse. Lo mismo le pasó con hacer sudokus. Igual que con pintar para relajarse. Como el confinamiento continuó, Zendaya atravesó una crisis personal porque no podía trabajar.

«Fue la primera vez en la que me planteé "Okey, ¿quién soy yo sin eso?"», relató más tarde a la revista *People*. «Y da mucho miedo pensarlo y afrontarlo, porque no sé cómo es Zendaya más allá de la Zendaya que trabaja. No era consciente de lo importantes que eran mi trabajo y mi arte para definir mi identidad».

Llamaba a su madre en plena noche para que la tranquilizara. Descubrió que hablar de las cosas le ayudaba. A veces quería que Claire se quedara al teléfono hasta que ella se durmiera «como un maldito bebé», explicó a la revista *InStyle*. Se dio cuenta de que estaba deprimida. Se levantaba cada mañana sintiéndose mal y esa sensación le duraba todo el día. Era como si un nubarrón negro la cubriera y no pudiera deshacerse de él. Había días que dormía hasta la tarde y a veces no salía de la cama en todo el día.

«Era un poco en plan "Bueno, ¿y qué has hecho hoy? Me desperté y ya está. He estado en la cama todo el día"», recordó en la entrevista con la revista *InStyle*.

La terapia y hablar de todo eso le ayudó a estabilizarse, pero no era suficiente. Necesitaba dar salida a toda su creatividad. ¡Necesitaba trabajar! Pero ¿cómo, si estaba todo Hollywood confinado? La semilla de un posible plan empezó a tomar forma. Pero no estaba segura de que fuera a funcionar. Recurrió a Sam Levinson, creador de *Euphoria*. Sam era como de la familia y Zendaya hablaba con él prácticamente cada día y, a veces, también por la noche. Además, necesitaba su opinión.

«Me encontraba en un momento muy raro. Suficiente me estaba costando todo aquello de "¿Quién es Zendaya sin trabajar?". Actuar me lo da todo: mi vida social, mi afición. Es aquello con lo que me la paso bien. Es lo que me plantea retos», confesó Zendaya a *The Hollywood Reporter*. «Le pregunté a Sam si había un mundo en el que pudiéramos grabar algo, ya fuera en mi casa o en otro lugar. La única intención era permitirnos ser creativos y compartirlo con el equipo de *Euphoria*».

Levinson y Zendaya hicieron una lluvia de ideas. Primero propusieron ambientar la casa de Los Ángeles de Zendaya para grabar un drama de terror. Estaba fascinada con la idea de grabar una película con solo dos personajes, como una obra de teatro a dos manos, tal vez sobre una pareja y su relación. Y entonces, ¡se les prendió el foco! ¡Vieron la luz!

Sam recordó un incidente que había ocurrido entre él y su mujer hacía unos años. En septiembre de 2018, se arrepintió de haber olvidado darle las gracias a su mujer, Ashley Levinson, en el estreno en Los Ángeles de su película *Nación asesina*, sobre todo porque Ashley era, además de su mujer, productora de la película. Se disculpó en cuanto llegó al asiento, pero ella le sonrió y le dijo que no se preocupara mientras lo tomaba de la mano. Esta situación lo inspiró como punto de partida para su película sobre el confinamiento. En ella, el guionista y director ficticio Malcolm Elliot y su novia Marie Jones vuelven a casa tras el estreno de su última película. Malcolm, como le pasó a Sam, no había dado las gracias a su pareja. Pero mientras en la vida real Ashley Levinson había sido magnánima y lo había perdonado, en la película, Marie hace todo lo contrario. El incidente es el detonante de todo tipo de tensiones, celos y resentimientos en la relación y más allá. ¿Serían capaces Malcolm y Marie de encontrar la forma de solucionarlo o sería el fin?

Sam terminó diez páginas del guion el primer día de escritura. Llamó a Zendaya y se las leyó. A ella le encantaron, se moría de ganas de interpretar a Marie y de encarnar una mujer adulta por primera vez en su vida. Siempre había interpretado papeles adolescentes, tanto en televisión como en la gran pantalla, y aún lo seguía haciendo. Así era como la gente la percibía, pero ahora podía dar un paso adelante, evolucionar. Aún estaba en el aire quién interpretaría a Malcolm, pero Levinson ya tenía a alguien en mente: el actor John David Washington, que había aparecido en *El infiltrado del KKKlan*, y en el thriller de ciencia ficción *Tenet*, dirigido por el famoso director angloamericano Christopher Nolan, que por aquel entonces estaba a punto de estrenarse. Sam movió algunas influencias y consiguió el número personal de John David. Lo llamó a bocajarro, le leyó lo que había escrito y le preguntó si le interesaría el proyecto. La respuesta fue un sí instantáneo.

«Todo se había detenido y yo estaba desesperado por trabajar», explicó Washington a *The Hollywood Reporter*. «Solo eran esas diez páginas, pero enseguida supe que tenía que formar parte del proyecto. Era algo que a nivel artístico necesitaba desesperadamente. Fue como si me hubiera caído del cielo».

Además de actuar en la producción, Zendaya y Washington pusieron dinero propio y se convirtieron en productores, junto a Sam Levinson, Ashley Levinson y muchos otros que se involucraron en la producción. La idea era que todo el equipo se repartiera los beneficios cuando se vendiera la película.

En junio de 2020, el elenco y el equipo de la ahora titulada *Malcolm & Marie* se instalaron en el rancho Carmel Valley, de doscientas hectáreas, junto al pintoresco pueblo de Carmel, situado justo al lado de la autopista del Pacífico, al sur de San Francisco. Escogieron Carmel porque era la única zona de California en la que no se exigía un permiso para grabar en una propiedad privada. Se buscó una casa apropiada en la que grabar la película, pero antes de empezar, se exigió al elenco y al equipo que hicieran cuarentena durante catorce días en el resort de lujo del rancho, que estaba cerrado a los huéspedes. Se realizaban pruebas de covid-19 de forma regular.

«Cumplimos los protocolos más estrictos para poder compartirlo con nuestra comunidad. Era muy importante que ayudáramos, si podíamos, a compartir el camino a seguir, porque muchas personas que nos importan sufrieron una pausa en sus ingresos», explicó Ashley Levinson, una de las productoras y esposa de Sam, a *The Hollywood Reporter*.

El periodo de cuarentena también permitió que Levinson, Zendaya, Washington y el camarógrafo de *Euphoria* Marcell Rév trabajaran y ensayaran el guion, aunque el último tercio de este no estaba aún terminado. Levinson escribió las últimas treinta páginas la noche antes de empezar a rodar. La película se grabaría en blanco y negro. Aunque se hizo por razones estéticas, Zendaya pensaba que era importante reivindicar la narrativa del Hollywood monocromático en lo que se refería a actores negros. En las películas clásicas de Hollywood en blanco y negro solo habían aparecido personajes negros como sirvientes o esclavos. Levinson estuvo de acuerdo.

«Me pareció una forma interesante de recuperar el glamour y la iconografía de esa época y enmarcarla en un enfoque distinto», detalló a la revista *Backstage*. «Además, el blanco y negro ayuda a separar al espectador de la realidad al instante y le permite concentrarse únicamente en el tema de la película».

Una vez que empezó la grabación, los estrictos protocolos contra el covid-19 obligaron a que los equipos de arte y producción tuvieran que trabajar completamente separados del elenco y del equipo de grabación. Los primeros trabajaban durante el día y los segundos, de nueve de la noche a cinco de la madrugada. Zendaya estaba completamente implicada en el proyecto. Y aunque había todo tipo de límites debido a la pandemia —todo el mundo hacía cuatro cosas a la vez y no había supervisor de guion ni asistente de dirección—, en esencia, las posibilidades eran infinitas. No tenían un estudio ni una productora a quien debieran rendir cuentas. Era completamente suyo. Era un poco estresante y una gran responsabilidad, pero Zendaya disfrutó de la experiencia y aprendió muchísimo, sobre todo con elementos prácticos. Por ejemplo, usaba su propia ropa para grabar y se maquillaba y se peinaba ella. Hubo momentos en los que se sintió un poco insegura, pero fueron efímeros. Estaba agradecida de poder trabajar y maravillada de lo que habían sido capaces de conseguir en unas circunstancias tan restrictivas y en tan poco tiempo. Y le encantaba actuar con Washington; le parecía un actor brillante y una persona fantástica. Zendaya estaba orgullosa de sí misma y de este nuevo capítulo que se había abierto en su vida. Había conseguido estimular su creatividad en una época muy difícil y aprendió a arriesgar en un entorno seguro, en cuarentena. Había sido una lección fascinante.

Mientras Zendaya estaba trabajando en *Malcolm & Marie*, le ofrecieron formar parte del comité de votación de la Academia de los Oscar. Tradicionalmente, el comité había estado constituido exclusivamente por hombres blancos. Según una encuesta realizada por *Los Angeles Times*, los votantes de los Oscar tenían, de media, sesenta y tres años, un 76 por ciento eran hombres y el 94 por ciento eran blancos. Tras las protestas de 2016 por la evidente falta de diversidad, la Academia anunció su voluntad de cambio y prometió haber duplicado el número de mujeres y la diversidad étnica de los miembros en 2020. Así, la Academia —o Academia de las Artes y las Ciencias Cinematográficas— invitó a 395 nuevos miembros, de los cuales un 46 por ciento eran mujeres y un 39 por ciento personas de color. Zendaya era una de ellas. ¿Tener influencia en los Oscar? Eso sí era importante. Poco a poco, la actriz iba bajando más barreras, incluso en esta época de pandemia sin precedentes.

Tras terminar *Malcolm & Marie*, Zendaya se sentía más ella misma, como antes. Se sentía realizada a nivel creativo. El trabajo le había permitido redescubrir la felicidad personal que para ella era como el oxígeno. Sabía quién era cuando trabajaba, se sentía segura de sí misma y sabía hacia dónde se dirigía. Pocos meses después de terminar el proceso de producción, llegó otra gran noticia: Netflix había comprado los derechos mundiales de *Malcolm & Marie* para emitirla por todo el mundo a principios de 2021. Sin otra cosa que hacer, la humanidad veía más televisión que nunca, así que miles de espectadores verían *Malcolm & Marie*. Y aún más, tanto el elenco como el equipo recibirían una buena retribución, ya que la plataforma de *streaming* pagó treinta millones de dólares. Feeding America, una red nacional benéfica con más de doscientos bancos de alimentos que abastecía a más de cuarenta y seis millones de personas entre comedores sociales, refugios y otros organismos comunitarios, también se benefició. Cómo no, Zendaya había incluido que un porcentaje de los beneficios lo cobrara la organización.

Aunque sin duda se sentía mejor una vez que hubieron terminado de grabar la película, Zendaya echaba de menos viajar y ser libre para hacer lo que quisiera. Recibió más buenas noticias: su tercer largometraje del mundo Spider-Man, *Spider-Man: Sin camino a casa*, estaba confirmado y se empezaría a grabar a finales de ese año. Era más tarde de lo que se preveía, sí, pero había una pandemia —así que, teniendo en cuenta las circunstancias, tenían que sentirse afortunados de que se pudiera grabar—. Con todo, Zendaya se sentía muy abatida debido al covid-19 y al brutal asesinato de George Floyd por parte de un agente de policía en Minneapolis. Transcendió que Zendaya, junto con otras personalidades de Hollywood, había formado parte de una de las protestas de BLM en Los Ángeles. La actriz reveló a la cofundadora del movimiento BLM, Patrisse Cullors, en una entrevista con la revista *InStyle*, que la muerte de Floyd la había dejado desamparada y destrozada además de profundamente triste. No le gustaba considerarse una activista del BLM, porque sentía que era un estilo de vida, y que había personas que tomaban la elección de dedicar su vida a la causa, y ella no se merecía este título ni quitarles mérito. Había otras palabras que describían mejor lo que ella hizo. Era actriz, pero también era una persona con corazón que quería hacer lo correcto. Le importaban las personas. Recordaba haber estado con su padre en Atlanta mientras grababa la primera película de *Spider-Man* en la época en la que la policía había matado a Philando Castile y a Alton Sterling. Había quedado muy afectada y se preocupó mucho por Kazembe, que llevaba mucho tiempo fuera, en principio, comprando comida. Lo había llamado y le había dicho que volviera de inmediato. No quería que saliera ni hiciera nada. Tenía miedo de que le pasara algo.

Zendaya también explicó a Cullors que se había sentido indefensa tras el asesinato de George Floyd. «No sabía qué podía hacer para ayudar. Y entonces fue cuando me puse en contacto con personas como tú. Porque al final, yo solo soy actriz, ¿me entiendes? Y no pretendo ser nada más. Si no sé algo, se lo pregunto a las personas que están en primera línea dejándose la piel. Yo no estoy allí, no me dedico a eso. Por este motivo, siempre pienso: "¿Cómo puedo contribuir y formar parte de algo mucho más grande que yo?».

Zendaya dijo a su compañero de reparto en *Dune*, Timothée Chalamet, en una entrevista con la revista *Elle*, que tenía la sensación de que en Estados Unidos estaban sufriendo la «noche oscura del alma». Su gente se sentía desesperanzada, enfurecida, agotada y cansada de vivir y crecer en un sistema que no parecía estar hecho para ellos. Costaba encontrar alegría y belleza en la vida cuando esta era tan dura. Las personas negras necesitaban felicidad y no que se la arrebataran.

Con todo, Zendaya añadió que ver cómo sus amigos y conocidos hablaban de la complicada historia de Estados Unidos con el racismo y la injusticia sistémicos le devolvió la fe. «Mi gente me da esperanzas, gente que está en la calle esforzándose, gente que admiro y a quien pido consejo e información sobre lo que pasa para poder usar mi altavoz de la forma más estratégica posible para ayudar».

Zendaya tenía la sensación de que era clave no perder la esperanza y la fe en la humanidad. Sabía que muchos jóvenes sentían que el sistema nunca había sido para ellos y, por tanto, no creían necesario involucrarse. Pero si podía salir algo positivo de esta época, la actriz creía que no era desesperación sino todo lo contrario: un rayo de esperanza. Se estaban produciendo cambios y el compromiso de su comunidad la inspiraba, fueran adultos o jóvenes. La sobrina de Zendaya, que tenía quince años, estaba a punto de empezar la preparatoria y la actriz quedó muy impresionada tras leer sus publicaciones de Instagram y oír lo que pensaba de la vida, los sueños y esperanzas que tenía, y su forma tan clara de entender las cosas y cambiar el mundo. Todo aquello inspiró mucho a Zendaya. Era evidente que los jóvenes de color aún albergaban algo de esperanza. Eso hizo que la tía Daya quisiera seguir adelante y usar su posición privilegiada para decir a la gente que su voz importaba y que debían seguir alzándola.

Zendaya no hizo ningún comentario sobre el hecho de que su supuesto novio, Jacob Elordi, apareciera en una fotografía disfrutando de una cena con la modelo Kaia Gerber, su nueva novia, el 1 de septiembre de 2020, el día del vigésimo cuarto cumpleaños de Zendaya. Hubiera habido una relación de verdad o tal vez hubiera quedado en nada, no pareció ser demasiado importante para ella. Tenía otras cosas en mente, otro sueño que iba a hacerse realidad. La habían nominado a un Emmy en la categoría de actriz principal en una serie dramática por su interpretación de Rue en *Euphoria*. Pero serían los Emmy más sencillos de la historia: una gala virtual debido a la pandemia. No habría alfombra roja, no habría ceremonia llena de «brilli-brilli» ni el glamour de Hollywood, pero Zendaya estaba decidida a arreglarse para la ocasión.

«Quiero vestirme y tal vez caminar por la alfombra de mi sala», explicó al programa de televisión *Jimmy Kimmel Live!* poco antes de que se celebrara la entrega de premios. «Quiero arreglarme. Quiero vivir la experiencia. Será diferente, claro, pero estoy agradecida de poder vivirla». Quizá pasaría la velada con su familia y amigos íntimos en su casa en Los Ángeles y su sala se convertiría en la nueva alfombra roja.

Durante la ceremonia, Zendaya se arregló dos veces: llevó dos vestidos distintos. Empezó la gala con un vestido impresionante de color negro y lila de Christopher John Rogers con un escote ancho, mangas abullonadas y una falda voluminosa que terminaba a la altura de los tobillos. También uso unos tacones de Christian Louboutin y joyas de Bvlgari. Hizo unas cuantas piruetas para el Instagram de Law Roach antes de cambiarse para el segundo conjunto espectacular: un vestido a medida de Giorgio Armani Privè. Acompañado de más joyas de Bvlgari, la falda de lunares y el top ajustado y brillante que parecía un bikini eran perfectos, sobre todo porque era lo que llevaba cuando ganó su primer Emmy, superando a otras grandes actrices nominadas en su categoría como Jennifer Aniston, Olivia Colman y Sandra Oh. Como había explicado en *Jimmy Kimmel Live!*, estaba sentada en la sala rodeada de amigos íntimos y familia —sobrinos, hermanos, primos y, por supuesto, dos padres henchidos de orgullo, Kazembe y Claire— cuando anunciaron que Zendaya era la ganadora. En ese instante, la sala prorrumpió en vítores y gritos de su familia, que se puso de pie, haciendo gestos de victoria y abrazándose. La actriz estaba eufórica. Le rodaron lágrimas de felicidad por las mejillas y, sorprendida —es muy raro que llore en la vida real—, se las secó. El papel de Rue había sido, de lejos, el más difícil de su carrera. Y había sufrido tanto por si no lo conseguía hacer bien. Pero lo había logrado. Y lo que era más importante, también había hecho historia. Era la artista más joven de su categoría en haber ganado un Emmy.

«¡Qué locura!», exclamó Zendaya en su discurso de agradecimiento. «Para el increíble elenco y el equipo de *Euphoria*… Me inspiran con todo lo que hacen. Para Sam Levinson, te lo agradezco muchísimo, eres mi familia».

También hizo referencia a las circunstancias surrealistas de los últimos seis meses. «Es una época muy rara para estar de celebración», continuó. «Los jóvenes mantienen la esperanza... Y a toda mi gente que se esfuerza cada día les quiero decir: los tengo en cuenta, los admiro... Muchas gracias».

Más tarde, Zendaya reveló a Timothée Chalamet, en una entrevista para la revista *Elle*, que la noche de los Emmy, en la puerta de la casa de cada nominado había una persona con un traje protector y el premio en la mano. Si ganabas, tenías que agarrárselo rápido antes de que se fuera. Si no lo hacías, esa persona desaparecería y se llevaría el premio consigo. En el caso de Zendaya, el premio se había confiado a Darnell, quien se lo ofreció a la actriz.

«Estaba muy nerviosa antes de los premios», añadió. «No quería preparar nada porque tal vez traería mala suerte. Pero lo hice, por si acaso. Y menos mal. Estoy muy contenta de que estuviera mi familia. Estaba todo el mundo, gritando, ¡como hacen siempre! Somos una familia gritona y me preocupaba que siguieran gritando mucho rato y que el reloj fuera pasando y yo solo pudiera decir "Gracias" y ya está. Fue fantástico, por eso, que estuvieran conmigo».

Pocas semanas después de su victoria, y tras cierta relajación de las estrictas restricciones por el covid-19, Zendaya se dirigió a Atlanta para empezar a grabar *Spider-Man: Sin camino a casa*. Estaba entusiasmada de volver a interpretar a MJ y de volver a encontrarse con Jacob Batalon y Tom Holland —con Tom, sobre todo.

¡ENTRENA QUE TE ENTRENA!

Tiene un cuerpo de infarto, pero Zendaya no es la típica estrella de Hollywood que se mata en el gimnasio, que sale a correr o que levanta las pesas que te encuentras en el gimnasio a las seis de la madrugada cada día. Es evidente que hace ejercicio, pero da gusto saber —además de ánimos— que lo hace según sus propios términos. Claro que, siendo Zendaya, era de suponer, ¿no? Dicho esto, es cierto que tiene ciertas ventajas genéticas que le permiten estar en muy buena forma. Hollywood sigue presionando enormemente a las actrices protagonistas para que tengan cierto cuerpo y, por suerte para Zendaya, tiene un metabolismo rápido que le permite cumplir con estos exigentes estándares, aunque anticuados, sin hacer demasiada dieta ni regímenes de ejercicios extremos.

Como de niña practicó muchos deportes como el futbol, el atletismo y el basquetbol, Zendaya siempre ha tenido un estilo de vida activo. Lo mantuvo cuando dejó los deportes para bailar. Y es la danza lo que hoy en día continúa formando la base de su rutina de ejercicio.

«Disfruto mucho bailando y haciendo coreografías y cosas así. Así es como hago ejercicio», explicó a la revista *Justine*. «La prioridad es encontrar algo que te parezca divertido, ya sea haciendo *jazzercise* [una modalidad de ejercicios inspirados en este estilo de baile] o lo que sea».

Cuando no trabaja, cosa que no pasa muy a menudo, va a clases de danza o baila en casa, sola o con su asistente Darnell. Le gusta hacer una clase de baile casi cada día y a veces su rutina dura una hora o más. Como todos nosotros, Zendaya sabe que si no se la pasa bien, no disfruta de hacer ejercicio y, por lo tanto, es más probable que no lo practique. Por eso no pisa el gimnasio ni hace rutinas genéricas, sino que opta por entrenar y ejercitarse solo para prepararse para un papel, como hizo cuando tuvo que aprender a ser trapecista para *El gran showman*. Además, canaliza su talento interpretativo a través de sus entrenamientos: se pone distintas pelucas y finge ser diferentes personas mientras practica los pasos. Prefiere tener sesiones de ejercicio sencillas que pueden hacerse en casa con poco o ningún material antes que ir al gimnasio. En este sentido es relajada. No tiene una rutina de ejercicios, pero cuando puede arma un circuito de entrenamiento en su estudio y en el patio trasero de su casa. Desde variaciones de plancha usando un balón medicinal hasta estiramientos dinámicos, pasando por abdominales y ejercicios de levantar los brazos; pasa de un ejercicio al otro con el mínimo tiempo de descanso para mantener la energía. Uno de sus hermanos, Austin, que es entrenador personal, le diseña un programa y a menudo le enseña los pasos.

Además de hacer circuitos, a Zendaya le encanta subir a los montes que rodean su casa en Hollywood. Caminar es una de las mejores formas de hacer ejercicio cardiovascular de baja intensidad y continuo —una actividad aeróbica lenta que se realiza durante un periodo prolongado, LISS, según sus siglas en inglés—. Queda de maravilla para mejorar la salud cardiovascular sin forzar las articulaciones y mejora la salud mental y el sueño. Zendaya a veces comparte fotos de sus caminatas, a menudo acompañada de Noon, en las redes sociales. Cuando el perro se cansa, lo lleva a cuestas, lo que le da un peso extra a su ejercicio y más admiración en los comentarios por parte de sus seguidores.

Zendaya no es fiel a una sola forma de hacer ejercicio, prefiere mezclarlas y variarlas con rachas de *boxercise*, *plyometrics* (ejercicios de saltos) y aeróbics de alta intensidad. También ha practicado pilates e intenta practicar yoga tres veces por semana para trabajar todos los músculos del cuerpo y mantener la tonificación y la flexibilidad. Tal vez no tenga una rutina regular de ejercicios, pero le funciona. Es la filosofía de vida de Zendaya aplicada a lo físico: encuentra lo que te sirva y, si te la pasas bien, incorpóralo a tu rutina.

Cuando se trata de salud mental, Zendaya es muy sincera y no le cuesta admitir que va a terapia. «Claro que voy a terapia», explicó a *Vogue*. «Si una persona tiene los medios económicos para ir, le recomiendo que lo haga. Me parece algo maravilloso. No tiene nada de malo trabajar en ti misma y ocuparte de ciertos temas con alguien que puede ayudarte, con alguien con quien puedes hablar y no es tu mamá ni nada, que es imparcial».

Se sintió bajo mucha presión cuando se estrenó *Euphoria* en junio de 2019. «Aunque era fantástico y emocionante, fue muy agobiante. Me provocó mucha ansiedad durante semanas», confesó en una entrevista con la revista *Elle*. «Y eso es algo que tengo que manejar: sufro ansiedad. Ya sé que cuando acabe esta entrevista, me voy a pasar semanas dándole vueltas».

La actriz culpa a su faceta perfeccionista de virgo por ser demasiado dura consigo misma a veces. Por presionarse demasiado mientras se deja la piel por hacerlo lo mejor que es capaz y no meter la pata. Y en esos momentos, sabe que lo que mejor le funciona es poner su música favorita y bailar, bailar y bailar.

8

Tomdaya

> Le deseo el cumpleaños más feliz a la persona
> que me hace más feliz.
>
> **Mensaje de Zendaya**
> **a Tom Holland el día en**
> **que cumplía veinte años**

Solo Zendaya y Tom Holland saben cuándo la naturaleza de su relación cambió de una amistad estrecha al amor. Hubo una conexión en cuanto se conocieron, una química que se plasmó de maravilla en la gran pantalla cuando interpretaron sus respectivos papeles de MJ Watson y Peter Parker/Spider-Man en las películas de la franquicia. Internet y la rumorología se desbocaron y hubo todo tipo de especulaciones sobre una relación romántica entre los dos. En más de una ocasión, tanto Zendaya como Tom negaron dichos rumores. «Somos amigos», aclaró Zendaya a *Variety* en 2017. «Es un chico fantástico». Dos años después, Tom había insistido a la revista *Elle* que estaba soltero. Sin embargo, las habladurías no cesaron hasta que Zendaya apareció de vacaciones en Grecia con su compañero de *Euphoria* Jacob Elordi en 2019, y luego la vieron besándolo en Nueva York.

Antes de que llegara el confinamiento, también parecía que Tom tenía pareja. Todo indicaba que salía con la actriz británica Nadia Parkes, quien aparecía en la serie de *La princesa de España*. Se cree que la relación empezó en febrero de 2020, aunque no se filtró la noticia hasta ese verano, cuando Holland, muy celoso de su vida privada, publicó una foto de la actriz en Instagram. Según el *Daily Mail*, Nadia pasó el confinamiento con Tom, el hermano de Tom y otro amigo en el departamento que tienen los hermanos Holland en Londres. «Tomaron la decisión de confinarse juntos», explicó una fuente. «Las cosas les van muy bien. Tom les dijo a su familia y amigos que tienen una relación oficial y que decidir vivir juntos tan pronto solo los ha fortalecido».

Sin embargo, cuando Zendaya y Tom se reencontraron en Atlanta para grabar *Spider-Man: Sin camino a casa* en octubre de 2020, parecía que los dos estaban solteros, ya que se cree que Holland habría roto con Parkes poco después de empezar el rodaje. La pandemia permitió avances en el proceso y la producción apostó por una nueva tecnología innovadora que escaneaba a los actores y a través de un sistema de efectos visuales les aplicaba el maquillaje y el vestuario durante la posproducción. También se instaló un sistema de luces en el plató que señalaba a los actores cuándo tenían que ponerse o quitarse las mascarillas para grabar. Es posible que el confinamiento hiciera que tanto Zendaya como Tom, como les pasó a muchas otras personas durante esa época tan insólita, se dieran cuenta de qué era lo realmente importante en su vida. Ya eran grandes amigos, así que después de reencontrarse, solo podemos deducir que su romance en la gran pantalla por fin se había materializado fuera de ella. Consiguieron mantenerlo en secreto hasta el 1 de julio de 2021, cuando los vieron —y los fotografiaron— en el coche de Holland detenidos ante un semáforo en rojo en Los Ángeles. Más tarde, ese mismo día, los vieron en el barrio de Silver Lake con la madre de Zendaya, Claire. Las redes sociales se revolucionaron. No solo Zendaya se convirtió en *trending topic* en Twitter, también lo fueron «Tom Holland», «Peter» y «#SpiderManNoWayHome». «CARAJO, POR FIN. TOM HOLLAND Y ZENDAYA ESTÁN JUNTOS OFICIALMENTE», tuiteó un usuario emocionado. Otro añadió: «NO ES UN SIMULACRO. REPITO: ESTO NO ES UN SIMULACRO».

Ni Zendaya ni Tom negaron su relación como habían hecho en el pasado. En realidad, a medida que pasó el tiempo, los fotografiaron juntos cada vez más y las publicaciones que Holland dedicaba a Zendaya en sus redes sociales se volvieron más y más íntimas. En honor del vigésimo quinto cumpleaños de Zendaya, Tom compartió en Instagram una selfi con su supuesta pareja en el plató de *Spider-Man*. En la publicación, escribió: «Mi MJ, que tengas el cumpleaños más feliz de tu vida. Llámame cuando quieras. Besos». El posesivo *mi* causó otro revuelo en las redes sociales, y los fans y seguidores enloquecieron de alegría con ese contenido romántico. Hubo más publicaciones en las que el actor hablaba de la belleza de Zendaya y usaba los emoticones del fuego y del corazón. Sin nombrarla, Tom habló de su relación con la revista *GQ* en noviembre de 2021.

«Uno de los inconvenientes de nuestra fama es que la privacidad escapa de nuestro control, y un momento que debería ser privado entre dos personas que se quieren mucho se comparte con todo el mundo», explicó.

Continuó diciendo que había decidido mantener su vida íntima en privado porque ya compartía gran parte de su vida con el mundo. «Nos dio la sensación de que nos habían robado la privacidad», enfatizó, sin nombrar a Zendaya. «No creo que sea cuestión de no estar listos, es que no queríamos. Y la respeto mucho como para contradecir eso... No es mi historia. Es nuestra historia. Y hablaremos de lo que tenemos cuando estemos listos».

Zendaya se abstuvo de referirse a Tom públicamente como su pareja durante diez meses más, momento en que el mundo entero ya sabía que estaban juntos y, por supuesto, ya se habían enamorado perdidamente de Zendaya y Tom o, como los habían bautizado, Tomdaya. Eran la pareja más linda de Hollywood, con el añadido de que su relación se había ido fraguando lentamente después de haber sido grandes amigos. Esta relación no era la típica dentro del mundo del espectáculo. Era bonita y sana. Ellos mismos eran bonitos y sanos, y siguen siéndolo.

Si echamos un vistazo a sus respectivas experiencias, se hace cada vez más evidente que están hechos el uno para el otro. Como Zendaya, Tom empezó muy pronto su carrera. De niño era un apasionado de la danza, le encantaba bailar al son de las canciones de Janet Jackson, su madre lo mandó a clases de danza, y a los nueve, empezó clases de hiphop cerca de su casa, en un barrio residencial del suroeste de Londres. Cuando actuó con la escuela en un festival local en 2006, lo vio un coreógrafo del musical *Billy Elliot the Musical*. Se le organizó una audición y el director musical señaló que «tenía un gran potencial y que era un actor con un don natural». Después de dos años aprendiendo ballet, claqué y acrobacia, Holland obtuvo el papel de Michael Caffrey, el mejor amigo de Billy, e hizo su debut en el West End en junio de 2008, cuando tenía solo doce años. También empezó a aprender gimnasia. Más tarde, ese mismo año, lo ascendieron a protagonista del musical. El primer día que interpretó a Billy Elliot, Holland sufrió una amigdalitis, pero actuó de todas formas y se granjeó críticas positivas, demostrando que era un auténtico luchador, justo como su futura novia y compañera en las películas de *Spider-Man*, Zendaya.

Cuando terminó de trabajar en *Billy Elliot the Musical* en 2010, Holland dobló al inglés un personaje de la película de animación japonesa *El mundo secreto de Arrietty*. Mandó una grabación al director J.A. Bayona para hacer la audición de un papel para *Lo imposible*, la película sobre el devastador tsunami en el océano Índico en el 2004. Bayona organizó una reunión e, impresionado con la expresión tan emotiva de Tom, lo eligió para la película. Trabajar en *Lo imposible* hizo que Tom se diera cuenta de que quería ser actor. La crítica elogió su interpretación y Holland ganó varios premios prestigiosos. Luego apareció en *Mi vida ahora* (2013), como actor de voz en *Locke* (2013) y salió en la versión cinematográfica de *Billy Elliot the Musical* (2014).

En 2015, interpretó a Gregory Cromwell, hijo de Thomas, en la aclamada adaptación para televisión de la novela *Wolf Hall* de Hilary Mantel. También interpretó otro personaje histórico en la película *En el corazón del mar*, de Ron Howard, en la que dio vida al joven Thomas Nickerson —el famoso marinero del siglo XIX y escritor que, con catorce años, había sobrevivido milagrosamente al naufragio del Essex en el océano Pacífico tras el ataque de una ballena—. Más tarde, ese mismo año, dirigió un corto en el que un joven constru-ye una casa para pájaros con su querido abuelo. Aquello le abrió el apetito por la dirección y más adelante dijo que esperaba poder dirigir una película, como su futura novia. Sin embargo, el año 2015 fue más importante porque con-siguió el papel que le cambiaría la vida. Poco antes de cum-plir diecinueve años, firmó un contrato con Marvel Studios para interpretar al adolescente Peter Parker en una nueva serie de películas de *Spider-Man*. Fue la realización de un sueño de infancia. Cuando era pequeño, era muy fan de este superhéroe de cómics: había llegado a tener treinta disfraces de Spider-Man y unas sábanas. Para conseguir el papel, tuvo que superar la dura competencia: mil quinientos actores adolescentes de todo el mundo. Los productores de la película quedaron alucinados con sus dotes de inter-pretación y los directores pensaron que su formación en danza y gimnasia, además de su experiencia, lo convertían en el Spider-Man perfecto.

Antes de esa película, la carrera de Tom se había desa-rrollado sobre todo en Reino Unido. Hollywood era de otra liga, mucho más grande e imponente. Estaba clavado de Zendaya desde que la vio en *Shake It Up*, y una vez se le pasó la fascinación tras haberla conocido, la consideró una fuente de sabiduría en todas las cosas relacionadas con el mundo del espectáculo. Una vez que Zendaya se dio cuenta de lo maravilloso que era Tom y del gran talento que tenía, estuvo encantada de ofrecerle su guía. Le gustaba que fue-ra capaz de superarla de vez en cuando. Su impresionante e impactante interpretación de la canción «Umbrella» de Ri-hanna como parte de la sección Lip Sync Battle en el pro-grama *The Tonight Show* en julio de 2017 es un buen ejemplo. Tom hizo que, en comparación, la excelente actuación de Zendaya, ataviada con una piyama en su interpretación de «24K Magic» de Bruno Mars, pareciera insulsa. El actor le dijo a Zendaya que quería ser el mejor Spider-Man de la historia. Y ella se sintió identificada: era alguien con su misma ética de trabajo y motivación. Enseguida se admiraron mutuamente.

«A veces tienes que ser la persona con quien los demás se puedan desahogar, alguien que está ahí para escuchar lo que sea… Yo tuve suerte de que mi vida no cambiara de la noche a la mañana», explicó Zendaya más tarde a Associated Press. «Empecé siendo muy joven, así que fue más bien una evolución lenta. Aprendí a medida que avanzaba y fui descubriendo dónde estaba el equilibrio mientras que a Tom le llegó más de golpe. Siento mucha empatía por su situación, así que todo lo que he aprendido, lo que sé y lo que sigo aprendiendo lo comparto con él, y todo lo que él aprende, lo comparte conmigo».

Se elogiaban mutuamente. Tom comentó que Zendaya era una amiga fenomenal, una «sabia maestra» y un hombro sobre el que llorar mientras surcaban juntos el revuelto mar de *Spider-Man*. Como novio, Tom es cariñoso y afectuoso y nunca deja de decirle a Zendaya lo guapa que es. En público y en privado. En diciembre de 2021, se detuvo en medio de una entrevista en la alfombra roja del estreno de *Spider-Man: Sin camino a casa* para poder contemplar cómo llegaba al evento con un fabuloso vestido estampado de telaraña. Y luego empezaron a multiplicarse las publicaciones sinceras en Instagram. Era lo que Zendaya había estado esperando. En una conversación con su asistente Darnell en 2017 a través de una aplicación, ahora ya obsoleta, que había montado ella en 2016 para interactuar con sus fans, reflexionó sobre qué buscaba en una pareja. «Hay personas a quienes no les gusta lo de "Eres preciosa, eres tal, eres cual"», dijo. «Hay personas que dicen "Eso es demasiado para mí. No necesito oírlo cada dos por tres". Hay personas a quienes no les gusta o les incomoda. ¿En mi caso? Yo necesito que me lo digan. Necesito saberlo, necesito oírlo y que sea a menudo».

Sin embargo, su conexión es más profunda. Comparten unos valores similares. Como le pasa a Zendaya, el mundo de Tom gira alrededor de su familia. Sus padres, Dominic y Nicola y tres hermanos más jóvenes, Harry, Sam y Paddy, son sus cimientos. Como Zendaya, disfrutó de una infancia segura y amorosa y tiene una estrecha relación con todos ellos. Sus padres no los presionaron para entrar en el mundo del espectáculo ni para convertirse en estrellas siendo niños. Fueron Zendaya y Tom quienes lo decidieron. Estos elementos, junto con el hecho de que Tom también alce la voz por las causas justas y haya abierto una fundación en Reino Unido que realiza obras benéficas, hacen que desprenda humildad, y que esté agradecido por la vida que le ha tocado. En este sentido, él y Zendaya son espíritus afines. Almas gemelas, se podría decir.

Por último, y no menos importante, los dos adoran a sus perros. Zendaya es madre perruna de Noon, como sabemos, y Tom tiene a Tessa, su querida staffordshire terrier a la que a menudo el actor llama «ángel».

Con la vida privada en un muy buen momento, Zendaya centró su atención en su carrera. Con *Spider-Man: Sin camino a casa* terminada en marzo de 2021, la siguiente aparición de Zendaya en una alfombra roja fue en los Oscar un mes después. Se coronó la reina de la moda gracias a un vestido palabra de honor con aberturas de color amarillo vivo firmado por Valentino. El vestido, con el abdomen al aire, también tenía un corte hasta el muslo que dejaba ver unas plataformas de Jimmy Choo del mismo color. Lo complementó con joyas de Bvlgari valoradas en seis millones de dólares. Como embajadora mundial tanto de Valentino como de Bvlgari, lució ambas marcas de lujo con elegancia. Dedicó gran parte de 2021 a grabar la esperada segunda temporada de *Euphoria*, con la que volvió, aunque fuera por poco tiempo, a la industria de la música interpretando dos canciones con el cantautor británico Labrinth, con quien ya había colaborado en la canción «All for Us» para la primera temporada de *Euphoria*. También sacó tiempo para doblar el personaje de Lola Bunny en la película *Space Jam: Una nueva era*, que se estrenó en julio de ese año. Le encantaba la primera película de *Space Jam* cuando era pequeña y, para el papel, aprovechó la pasión por el basquetbol que le había trasmitido su familia.

En agosto y septiembre de 2021 se reencontró con Timothée Chalamet para la frenética gira de promoción de *Dune*, que se iba a estrenar el 15 de septiembre tras haberse pospuesto dos veces debido a la pandemia por covid-19. Además de hablar del mundo de *Dune*, la gira se convirtió en su pasarela de moda particular. En el *photocall* de Londres, Zendaya llevó un atrevido top de Vivienne Westwood hecho de cadenas entrecruzadas. Lo conjuntó con una falda de cuadros cafés y blancos y unos tacones de Christian Louboutin. Para el coctel de bienvenida, llevó un conjunto de Peter Do más despreocupado: una camisa abotonada blanca muy larga con unos pantalones ceñidos de cuero negro y tiro alto. Un collar brillante de Bvlgari ponía el broche de oro al conjunto. En el momento del estreno, recordó a la princesa Leia de *La guerra de las galaxias*, con un vestido escultural, blanco y de lentejuelas de la colección de otoño 2021 de Rick Owens. Acompañó el vestido con un maquillaje violeta impresionante, la pulsera Serpenti Viper de doble cola de Bvlgari y anillos de diamantes. En la fiesta posterior, llevó un vestido semitransparente y calado con diseños geométricos y el habitual corte hasta el muslo de la colección primavera-verano 2022 de Nensi Dojaka. En el *photocall* de París, lució un elegante conjunto de dos piezas de color ciruela, firmado por Maison Alaïa, que consistía en un top corto de manga larga y una falda ceñida de tiro alto terminada en plumas. Para el *photocall* del prestigioso Festival de Venecia, apareció con el Look 46 de la última colección de Valentino: un saco de satín negro con su nombre y un emoticón de corazón bordados, y un vestido blanco de corte alto con un cinturón rosa chicle. Lo complementó con diversos anillos de Bvlgari, entre los que había uno con un diamante amarillo de la colección Magnifica. Sin embargo, por la noche llevó uno de sus mejores looks según *Vogue*: un vestido de cuero de Balmain a tono con su piel, tan ceñido que parecía tela mojada. Se había confeccionado usando un modelo exacto del cuerpo de Zendaya, igual que el peto rosa de Tom Ford que lució en los Critics' Choice Awards de 2020. El Balmain era la representación definitiva y muy glamurosa de Chani, la guerrera del desierto a quien interpretaba en *Dune*. Completó el conjunto con esmeraldas y diamantes de Bvlgari.

Excepcionalmente, Zendaya no apareció en la gala del Met, que se había pospuesto a septiembre debido a la pandemia. «Estaré grabando *Euphoria*», aclaró Zendaya a *Extra*

Magazine durante la rueda de prensa de *Dune* en Venecia. «Sé que es la primera vez que la gente oirá que no voy. Mis fans se disgustarán. Lamentablemente no podré ir porque estaré trabajando en *Euphoria*. Los días libres que he tenido han sido para venir aquí a Venecia, que ha sido una experiencia extraordinaria».

Más allá de *Euphoria*, su otoño estaría lleno de moda. En octubre, recibió el premio Women in Film Honors. En esta gala benéfica anual se recaudan fondos para sus programas educativos y humanitarios y para la defensa de la paridad de género en la industria cinematográfica. En esta ocasión, Zendaya llevó un vestido gris sacado de la colección primavera-verano 2022 de Loewe y unos tacones de Louboutin a conjunto. El diseño incluía una especie de armadura que le confería cierto aire de guerrera. Ese mismo mes, el Council of Fashion Designers of America anunció que iba a ser la premiada más joven concediéndole su Fashion Icon Award. Personalidades como Lady Gaga, Naomi Campbell y Beyoncé figuraban entre las anteriores ganadoras. El premio, que según la organización «reconoce su impacto global en el mundo de la moda», se lo entregaron el 10 de noviembre de la mano de la súper modelo Iman, quien alabó el estilo de Zendaya, su atrevimiento y confianza en las alfombras rojas inspirando a toda una nueva generación de amantes de la moda —incluida Lexi, hija de Iman y David Bowie—. Zendaya, anunció Iman, superaba cualquier definición de lo que se conoce como *estilo celebrity*. Esa noche, la actriz lucía un conjunto de dos piezas de Vera Wang de color rojo vivo: un top corto sin mangas y una falda larga de estilo peplum. Lo complementó con un peinado de trenzas largas y diamantes de Bvlgari de sesenta quilates.

«Es un honor estar aquí esta noche, en este escenario, para recibir este premio que tantas personalidades inspiradoras y arrolladoras han recibido antes que yo y que sin duda han dejado una huella imborrable en el mundo de la moda. Espero poder hacer una fracción de lo que todas ellas han hecho», dijo durante su discurso. «Estoy muy, pero que muy agradecida». Después, publicó en Instagram: «Ayer por la noche se cumplió uno de mis sueños, gracias al @cfda, este momento es trascendental para @luxurylaw y para mí».

Y en el tiempo que quedaba hasta las Navidades de 2021, todo se centró en el mundo de Spider-Man. La película *Spider-Man: Sin camino a casa* se estrenó en el cine Fox Village Theatre en Los Ángeles el 13 de diciembre. Fue otro gran triunfo de Zendaya en la alfombra roja. Maravilló a todos los presentes —incluido Tom, como ya sabemos— con un vestido largo hasta el suelo de Valentino, adornado con telarañas negras y brillantes. El vestido tenía un escote de pico, la espalda descubierta y el ya acostumbrado corte hasta el muslo. Acompañó el conjunto con un antifaz de encaje negro, tacones de Louboutin a juego, joyas de Bvlgari y el pelo en trenzas africanas. Tom y Zendaya, junto con su compañero de reparto Jacob Batalon, se pasaron la velada emocionados y abrazándose mientras se veían en la gran pantalla. «Fue muy especial», enfatizó Zendaya a la revista *TIME*.

Se cree que la pareja Tomdaya pasó sus primeras Navidades y Fin de Año juntos en la casa de Zendaya en Los Ángeles. Se cree que también estaban presentes Noon y Tessa. La segunda temporada de *Euphoria* se estrenó el 9 de enero de 2022, y al cabo de un mes la serie se renovó para una tercera temporada. En una entrevista con *Vogue Italia*, Zendaya reveló que iba a dirigir un episodio de la segunda temporada, pero todo quedó en nada al darse cuenta de que le tocaba actuar en ese mismo episodio. Perfeccionista como es, quería poder dejarse la piel en su primer intento como directora y tener suficiente tiempo para prepararse como era debido. *Euphoria*, con la ayuda de su nueva plataforma de *streaming*, HBO Max, tuvo un promedio de 16.3 millones de espectadores por episodio en la segunda temporada, lo que la convirtió en la serie más vista del canal en dieciocho años. Las críticas fueron dispares, pero coincidían en alabar la interpretación de la actriz. «Zendaya vuelve a demostrar una interpretación magistral como Rue», publicó The Review Geek. «Zendaya sigue siendo magnífica y desgarradora en la piel de Rue, condenada a repetir su horrible comportamiento destructivo y a recaer en sus adicciones como nunca antes», según *The Guardian*. Para la propia Zendaya, seguir encarnando a Rue la hacía sentirse realizada y relevante como actriz.

«A veces, ser actriz me hace sentir estúpida», explicó a *Vogue Italia*. «Porque es como que me gano el pan fingiendo, algo que puede parecer absurdo, pero luego pienso en las historias que cuento y en las razones por las que lo hago. Sobre todo con *Euphoria*. He recibido tantos mensajes de personas contándome sus experiencias y explicándome cómo han conectado con la serie, ya sea por la pérdida, la adicción, el dolor, los problemas de salud mental, o sus historias de superación».

Para la gala de los Oscar del año 2022, Zendaya lució un conjunto Valentino de alta costura que consistía en una blusa corta y una falda plateada bordada con lentejuelas. El diseño era del director creativo de la marca, Pierpaolo Piccioli. Completó el conjunto con unos zapatos de plataforma con brillantes de Valentino Garavani y un surtido de brillantes Bvlgari en el cuello y en las muñecas. La revista *People* alabó el conjunto como una vestimenta que encabezaría las listas de mejores vestidas de los Oscar durante años.

Luego la esperaba la grabación de otra película: *Desafiantes*, un drama romántico del mundo del deporte en el que interpreta a una jugadora de tenis que se vuelve entrenadora y convierte a su marido, que es un jugador mediocre, en un campeón de *grand slams* famoso en todo el mundo. Para sacarlo de su racha de derrotas, lo obliga a jugar en un torneo contra otros tenistas y acaba jugando contra su antiguo mejor amigo, quien resulta que también es el ex de su mujer. El papel obligó a Zendaya a prepararse durante tres meses con el entrenador de tenis profesional Brad Gilbert para que su personaje resultara creíble. Además de actriz, era una de las productoras. La temática suponía un cambio para Zendaya, pero ¿cuándo no ha estado dispuesta a involucrarse en algo nuevo? La película se grabó en Boston y Tom la fue a ver varias veces.

En mayo de 2022, Zendaya fue nombrada una de las cien personas más influyentes del mundo por la revista *TIME*, y fue una de las cinco personalidades de esa lista de cien que se eligieron para figurar en solitario en la cubierta. Para la sesión fotográfica, llevó un vestido rojo con holanes de Valentino, diseñado por el director creativo de la marca, Pierpaolo Piccioli. Este se mostró muy efusivo en sus elogios y dijo que es «auténtica, frágil y fuerte al mismo tiempo y, sin duda alguna, la voz más poderosa de su generación».

El director de *Dune*, Denis Villeneuve, le rindió homenaje en las páginas de *TIME*: «Para mí, Zendaya tiene mil años», escribió. «Ha vivido muchas vidas antes que esta. Y a la vez es tan joven como la primavera. Por paradójico que suene, también da la impresión de haber nacido en un futuro lejano. Es eterna, y lo puede hacer todo. En el último año más o menos, Zendaya ha brillado como una estrella fugaz capturada en el celuloide de *Malcolm & Marie*, de Sam Levinson. Explotó a nivel emocional cuando su época de adolescente se desintegró en el fenómeno cultural de *Euphoria*, de Levinson. Refulgió en *Spider-Man: Sin camino a casa*, una película que ha dominado la cartelera en un año en el que se ha convertido en la musa de los extremos. Pero Zendaya es mucho más que eso. Es una fuerza creativa autónoma. Un icono cultural en ciernes. Una persona impulsada por la inspiración, la empatía y el respeto por su arte, que usa la autenticidad como un nuevo súper poder. Parece no tener miedo a nada, tiene los pies bien enraizados en el suelo y me encanta que aún se ría como una niña. Zendaya es el futuro. Y no hay nada que me tranquilice más. Esto es solo el comienzo».

Zendaya se conmovió tanto con el elogio de *TIME* como con la sentida declaración de Denis. «Es un gran honor», publicó en las redes sociales. «Gracias, *TIME*, por este reconocimiento, y a Denis por sus bonitas palabras. Para mí es muy importante».

Recibió otro gran cumplido cuando la nominaron en diversas categorías en los Emmy de 2022: a mejor actriz principal en una serie dramática y a mejor serie dramática por su papel como productora ejecutiva en *Euphoria*. También formaba parte de la nominación en la categoría de banda sonora original y letras excepcionales para las canciones de la serie «I'm Tired» y «Elliot's Song», por haber cantado y participado en la composición de ambas.

«Estoy abrumada», explicó Zendaya a *Vanity Fair*. «Es una locura. *Euphoria* ha supuesto un enorme aprendizaje para mí. La serie significa mucho para mí y para todos los que la hacemos. Todo el mundo se ha dejado la piel y tengo mucha suerte de poder compartir esto con todos ellos. Ya he hablado con mucha gente por FaceTime y aún tengo muchos mensajes por mandar. Pero estoy muy orgullosa del equipo que somos y del trabajo que hacemos. Estoy muy, pero que muy orgullosa».

Las nominaciones de las canciones eran la cereza del pastel. Zendaya creía que eran esenciales para la historia porque realzaban el recorrido emocional de los personajes y su narración a través de otro medio.

Tras pasar su vigésimo sexto cumpleaños en Nueva York con Tom, Zendaya volvió a Los Ángeles para la gala número 74 de los Emmy, que se celebró el 12 de septiembre. Ataviada con un elegante y voluminoso vestido negro palabra de honor, firmado por Valentino, y joyas de Bvlgari que titilaban alrededor de su cuello, Zendaya volvió a hacer historia cuando se llevó el premio a mejor actriz protagonista en una serie dramática. Con veintiséis años, se convirtió en la persona más joven en ganar dos premios de interpretación en la historia de los Emmy, y la primera mujer negra que ganaba el Emmy a mejor actriz principal en una serie dramática por segunda vez. Empezó su discurso dando las gracias a HBO por «haber construido un espacio seguro en una serie tan complicada», y a su creador, Sam Levinson, «por haber compartido a Rue conmigo», y añadió: «Gracias por creer en mí, incluso cuando yo no lo hacía».

La madre de Zendaya, Claire, estaba presente en la ceremonia y explicó en Instagram que casi le impiden acercarse a su hija. En la publicación, escribió: «Me acerqué a Z antes de que le dieran el Emmy para darle un buen abrazo y decirle… "Respira". Y el hombre que trató de detenerme me dijo: "¿Y su acreditación?". Le respondí: "Soy la madre de Zendaya" y seguí caminando. ¡Ja, ja, ja! ¡Nunca había utilizado mis contactos, pero tuve que hacerlo!».

Zendaya compartió un momento entrañable con los fans después de que Tom no pudiera acompañarla a los Emmy de 2022 debido a sus compromisos de grabación. Y *E! News* preguntó a la ganadora de dos Emmy quién había sido la primera persona con la que había contactado tras su victoria histórica.

«No envié un mensaje a mi mamá porque mi mamá ya estaba aquí conmigo», respondió Zendaya. «Está aquí y lo hace todo muy especial. Envié un mensaje a mi novio». Era la primera vez en la que se refería a Tom públicamente en estos términos, aunque había aludido a su relación hablando con la revista *GQ* a finales de 2021, sobre que los fotografiaran cuando estaban disfrutando juntos en su intimidad.

«Fue un poco raro e incómodo, confuso e invasivo», dijo ella. «Ambos pensamos que cuando de verdad quieres a alguien, hay momentos y cosas que querrías que fueran tuyos… Creo que querer a alguien es algo sagrado y especial que quieres experimentar, manejar y disfrutar a solas entre tú y la otra persona». Esta es una de las desventajas inevitables de ser famoso.

En octubre, Tom y Zendaya fueron vistos en París, donde ella asistió al desfile de primavera-verano 2023 de Valentino durante la Semana de la Moda de París. En una ciudad de famosos y top models, la actriz atrajo todas las miradas con un oscuro body calado de cuerpo entero de Valentino, el conjunto también contaba con unos pantalones cortos y un saco ancho a juego. Completó su imagen con unos largos aretes negros. Al día siguiente, se vistió más informal, pero igual de elegante, con un cómodo vestido azul, luciendo las mangas remangadas. Ella y Tom se pasearon tomados de la mano por el famosísimo Museo del Louvre.

La fotografía principal de *Dune: Parte dos* empezó en noviembre de 2022, aunque Zendaya ya había grabado algunas escenas en Hungría unos meses antes. Tomó un avión y se plantó en los Emiratos Árabes Unidos, desde donde compartió una historia de Instagram de una puesta de sol deslumbrante en el desierto. El mensaje decía: «Sé que he estado desaparecida, pero aquí estoy, trabajando como siempre... Besos desde Arrakis».

El papel de Chani, la guerrera y protagonista del desierto enamorada de Paul Atreides, iba a aparecer mucho más en esta secuela y Zendaya estaba emocionada, igual que su compañero de reparto, Timothée Chalamet. «Es fantástico», dijo él a *Variety*. «Hará lo mismo que hizo en la primera, que fue increíble, pero aún más. Se ha convertido en una hermana para mí. Estoy muy agradecido de poder tenerla de compañera de reparto, de hermana y de amiga».

Si Zendaya hubiera plasmado cómo soñaba que evolucionaría su carrera cuando empezó, seguro que nada tendría que ver con la realidad que estaba viviendo.

LA CRONOLOGÍA COMPLETA
DE TOMDAYA

Resumen fecha por fecha sobre cómo una gran amistad se convirtió en amor.

7 de julio de 2016: Tom se refiere a Zendaya como «amiga»

Tom habló sobre su relación con Zendaya con la revista *People* en términos de «amiga». «Somos grandes amigos. Es fantástica y maravillosa», dijo. «Zendaya es súper famosa y ya ha vivido todo esto, de modo que la llamé y le dije: "¿Cómo puedo manejar esto de ser famoso?". Me alegro mucho de poder tenerla como amiga».

10 de julio de 2016: Tom y Zendaya publican uno sobre el otro en Instagram

Poco después de que Zendaya y Tom fueran elegidos para participar en *Spider-Man: De regreso a casa*, los dos empezaron a aparecer en el Instagram del otro. Tom subió una foto de él y de Zendaya en la alberca con un amigo con el mensaje «Domingos de verano».

9 de noviembre de 2016: Zendaya comparte la fotografía de ella y Tom que aparece en la cubierta de la revista *The Hollywood Reporter*

Zendaya compartió la foto de la portada de la revista *The Hollywood Reporter* en la que aparecen ella y Tom, y se refirió a su compañero de reparto como «el mejor».

13 de julio de 2017: circulan rumores de que Tom y Zendaya son pareja

Una fuente revela a la revista *People* que empezaron a salir juntos mientras grababan *Spider-Man: De regreso a casa*, y afirma que la pareja trata de mantener esta relación en privado. Se rumoreó que habían ido de vacaciones juntos, pero parece que solo era la gira publicitaria de la película.

8 de agosto de 2017: Zendaya niega los rumores sobre la relación

Zendaya habló con *Variety* sobre su amistad con Tom y volvió a negar que tuvieran una relación amorosa. «Somos amigos», reiteró. «Es uno de mis mejores amigos y estos últimos meses hemos hecho la gira publicitaria juntos».

8 de mayo de 2018: Tom queda alucinado con la vestimenta de Zendaya para la gala del Met

La actriz se convirtió en Juana de Arco con un vestido de Versace que recordaba una armadura de plata, con un corte hasta el muslo y múltiples aberturas. «Dios salve a la reina», escribió el actor en Instagram. «Te ves increíble, amiga 🙌».

30 de agosto de 2019: se rumorea que Zendaya sale con Jacob Elordi, su compañero de reparto en *Euphoria*

Se les vio de vacaciones juntos en Grecia y se les fotografió más tarde besándose en la ciudad de Nueva York.

Febrero de 2020: según se informa, Tom empieza a salir con la actriz Nadia Parkes

Sin embargo, la noticia de esta relación no transciende hasta julio de 2020, cuando Tom publica una foto de Nadia en Instagram. Se dice que viven juntos durante el confinamiento.

Septiembre de 2020: Zendaya y Jacob Elordi rompieron (si es que en algún momento fueron pareja de verdad)

Se ve a Jacob cenando en Malibú con su nueva novia, Kaia Gerber, el 1 de septiembre, el día en que Zendaya cumplía veinticuatro años.

30 de junio de 2021: se ve a Zendaya y a Tom cenando juntos en Los Ángeles

1 de julio de 2021: ¡Descubren a Zendaya y a Tom besándose!

Se les ve en el coche de Tom mientras están detenidos ante un semáforo en rojo en Los Ángeles, eso sin duda significa que ¡por fin están juntos!

9 de julio de 2021: Zendaya habla sobre cómo ha sido trabajar con Tom durante los últimos cinco años

En una entrevista con *E! News*, dice: «Ha sido muy especial haber crecido juntos».

13 de diciembre de 2021: el estreno de *Spider-Man: Sin camino a casa* en Los Ángeles

Tom detiene la entrevista que le están haciendo en la alfombra roja para poder contemplar la llegada de Zendaya, que está sensacional con un vestido de telarañas hecho a medida.

15 de diciembre de 2021: Zendaya manda un mensaje amoroso a Tom a través de Instagram

Se trata de una fotografía del actor de pequeño con uno de sus disfraces de Spider-Man y otra fotografía de la última película. «Mi Spider-Man», publicó, junto con el emoticón de un corazón.

16 de diciembre de 2021: evento de promoción de *Spider-Man*

Tom y Zendaya bromean sobre la aparición de Tom en un episodio de *Euphoria* y Tom revela que la ha visitado en el plató de grabación como mínimo treinta veces.

17 de febrero de 2022: Tom y Zendaya salen por la ciudad de Nueva York

Disfrutan de una cena juntos y ven la nueva película de Tom, *Uncharted*. Los ven en un partido de hockey de los New York Rangers con camisetas del equipo y el nombre del otro.

24 de febrero de 2022: Tom le da una sorpresa a Zendaya en Italia

La actriz está trabajando en Roma como rostro de la última campaña de Valentino.

26 de abril de 2022: Zendaya y Tom se van de compras por Boston

Mientras Zendaya graba la película *Desafiantes* en Boston, ella y Tom salen a comprar por la ciudad y, según *Elle*, entraron en la tienda de Rolex y de Cartier.

1 de junio de 2022: Zendaya publica un mensaje romántico en Instagram con motivo del aniversario de Tom, que cumplía veintiséis años

En el Instagram de Zendaya apareció una fotografía en blanco y negro de los dos abrazados con el pie de foto: «Feliz cumpleaños al que me hace la persona más feliz».

8 de junio de 2022: internet se refiere a Tom como «Sr. Zendaya»

27 de agosto de 2022: Tom y Zendaya disfrutan juntos de Budapest

Mientras Zendaya está en Budapest, Hungría, para grabar la secuela de *Dune*, parece que la distancia no es obstáculo para nuestra pareja de *Spider-Man* favorita. Tom cruza el charco en avión para ver a su novia.

1 de septiembre de 2022: Zendaya cumple veintiséis años

Entertainment Tonight informa que Zendaya disfrutó de una cena íntima con Tom, su madre, Claire, y su compañera de reparto de *Euphoria* Hunter Schafer en Nueva York para celebrar su cumpleaños.

12 de septiembre de 2022: los Emmy

Deslumbrante con su vestido de Valentino, Zendaya gana un Emmy, el segundo, por interpretar a Rue en *Euphoria*. Tom no está presente, pero Zendaya explica a *E! News* que él, su novio, es la primera persona con quien habló tras ganar el premio.

8 de octubre de 2022: Semana de la Moda de París

Se ve a Zendaya y a Tom tomados de la mano mientras visitan el icónico Museo del Louvre en la capital francesa.

25 de febrero de 2023: Tom escribe tres emoticones de 😍

Dichos emoticones eran la respuesta al aspecto de su novia en los premios NAACP Image Awards de 2023. Zendaya lleva un vestido negro y verde de Versace que luego se cambia a un vestido de dos piezas blanco de Prada de la colección primavera-verano de 1993. Al día siguiente, en la alfombra roja de los SAG de 2023, lleva un vestido Valentino rosa adornado con rosas 3D antes de cambiarse por un Giorgio Armani sedoso.

12 de marzo de 2023: en Reino Unido

Zendaya, cómoda y sin maquillaje, acompaña a Tom y a sus padres por Richmond Park, en Surrey, para pasear a los perros.

19 de marzo de 2023: ¡Zendaya lleva un anillo de Tom!

Cuando se va a hacer la manicura en Londres, se hace evidente que Zendaya lleva un anillo tipo sello de oro con las iniciales de Tom grabadas en el dedo medio.

Finales de marzo de 2023: en Mumbai, India

Antes de atender a un evento oficial, se ve a la pareja en el perfil de Instagram de una empresa de yates chárter, Blue Bay Marine, mientras disfrutan de un rato libre en el mar.

2 de abril de 2023: fotografían a Zendaya y a Tom cuando se van de Mumbai

A pesar de que la pareja decidió entrar por separado en la alfombra roja del NMACC en Mumbai y evitaron cualquier muestra pública de cariño, al día siguiente los paparazzi encontraron a Tom y a Zendaya caminando juntos de la mano cuando se iban del hotel hacia el aeropuerto.

16 de mayo de 2023: fotografían a Tomdaya de vacaciones en Venecia, Italia

Fotografían a la pareja en plenas muestras públicas de cariño durante un romántico paseo en góndola.

1 de junio de 2023: Tom cumple veintisiete años

Zendaya publica dos fotos nunca vistas del actor en sus historias de Instagram con muchos emoticones de corazón.

9

Lo que el futuro depara

Siempre digo que mi ídolo es mi yo del futuro. Aún no sé quién será, no la conozco todavía, pero sé que está ahí y me está esperando, en el futuro.

Zendaya, para *Women's Wear Daily*

El año 2023 no podría haber empezado con mejores auspicios para Zendaya. El 11 de enero, ganó un Globo de Oro en la categoría de mejor actriz en una serie de televisión por *Euphoria*, pero no asistió a la ceremonia, algo insólito en la reina de las alfombras rojas. Se habló de compromisos laborales, aunque más tarde trascendió que sí estaba en Los Ángeles la noche en que se celebró la entrega de premios. Internet se volvió loco, se sugirió que estaba desairando a los premios debido a que sus dos anteriores nominaciones a los Globos de Oro —por haber interpretado a Rue en *Euphoria* en 2020 y un año después por su interpretación en *Malcolm & Marie*— no le hicieron ganar el ansiado trofeo. Sin embargo, el discurso de agradecimiento oficial de Zendaya —mandado a través de su perfil de Instagram— fue tan elegante y humilde como siempre.

«Siento mucho no haber podido estar presente esta noche, pero quería dar las gracias a @goldenglobes por este honor tan increíble», escribió junto a una foto de sí misma como Rue en el rodaje. «A las otras nominadas, ha sido un privilegio ser nominada con ustedes, las admiro muchísimo a todas. Gracias a mi familia de *Euphoria*, sin ustedes, nada de esto sería posible. Por último, gracias a todos los que le han hecho un hueco a Rue en sus corazones. Creo que todos saben lo importante que es ella para mí, pero el hecho de que pueda ser importante para otras personas es un regalo. De verdad que me faltan las palabras mientras les escribo esto, lo único que puedo decir es gracias, gracias y gracias. Buenas noches».

Cuatro días después, se llevó el trofeo de los Critics' Choice Awards en la categoría de mejor actriz en una serie dramática por interpretar a Rue, pero tampoco acudió a la ceremonia. Otra vez, se justificó con compromisos laborales. De nuevo, la actriz recurrió a Instagram para expresar su agradecimiento por la victoria junto a una fotografía en blanco y negro de sí misma en una bicicleta.

«Me desperté con una noticia increíble… Muchas gracias @criticschoice por este honor», escribió. «No puedo dejar de sonreír y de decirles lo muy agradecida que estoy».

No fue hasta el 25 de febrero que pisó la primera alfombra roja del año en los premios NAACP Image Awards, donde dejó otra vez sin habla a los presentes y a los *fashionistas* al orquestar un cambio rápido a media velada. Empezó caminando por la alfombra roja con un vestido vintage negro y verde, palabra de honor, ceñido al cuerpo, de Versace. Este contaba con un escote hasta casi la cintura y un corte hasta el muslo. Luego se cambió a un conjunto de la colección primavera-verano de 1993 de Prada, que consistía en un conjunto formado por un sostén con estrellas y aberturas, y una falda a juego, que complementó con unos altos tacones blancos. También estuvo presente en la ceremonia de los Screen Actors Guild Awards, que se celebraron al cabo de unos días, donde estaba nominada en la categoría de mejor interpretación femenina en una serie dramática por haber encarnado a Rue. Estaba preciosa, lucía un vestido rosa claro, palabra de honor y ceñido al cuerpo, de Valentino con una cola llena de rosas esculpidas a tamaño real. El vestido estaba compuesto de un corpiño que marcaba su silueta y una falda en forma de cono con cola. Completó el conjunto con joyas Bvlgari: una gargantilla de diamantes con gemas verdes, naranjas y violetas y un brazalete de diamantes. Zendaya perdió ante Jennifer Coolidge, por *The White Lotus*, pero no pareció que la afectara en lo más mínimo. Subió al escenario para presentar un premio con el actor Paul Mescal, de *Normal People*, tras cambiarse y ponerse un vestido Giorgio Armani Privè ajustado y con un top negro de lentejuelas sin tirantes que lucía por encima de las secciones en diagonal de color azul celeste y rosa palo y de la abertura de debajo del pecho. Dejando a un lado sus elegantes elecciones de vestimenta, en las redes sociales se especuló que había desairado a propósito a Mescal cuando subían al escenario y él había intentado tomarle la mano. No obstante, lo más probable es que fuera un simple malentendido, Zendaya había ofrecido el codo en un intento por ir del brazo y no lo había rechazado a propósito.

A principios de marzo, Zendaya cruzó el océano para acudir a la Semana de la Moda de París, para las colecciones otoño-invierno 2023. Hizo una aparición sorpresa en el desfile de Louis Vuitton, presentado en el Museo de Orsay, y llevó un conjunto de pies a cabeza con estampado de tigre de Louis Vuitton. Consistía en un saco (que llevó abierto), pantalones cortos y unas botas hasta la rodilla con un top de bikini pequeñísimo, y un minibolso con el monograma Louis Vuitton y joyas de oro a conjunto. Hubo una gran agitación en el tráfico cuando centenares de fans y espectadores se amontonaron en la calle ante el museo para ver su llegada junto con la de otras famosas como Emma Stone, Ana de Armas, Alicia Vikander y el nuevo director creativo de la línea masculina de Louis Vuitton, Pharrell Williams. Zendaya y Law Roach entraron justo cuando estaban a punto de apagar las luces. Como se ha comentado, hubo cierto melodrama con los asientos de Zendaya y Law en el desfile. Mientras Zendaya se sentó en la codiciada primera fila entre Emma Stone y la CEO de Dior, Delphine Arnault, Law pareció haberse quedado sin asiento hasta que le encontraron un lugar deprisa y corriendo en otro lado. Tras el desfile, Zendaya bromeó que podría haber ido en bicicleta y no en coche porque habría llegado antes. Y luego posó con fans, sin ser consciente de la bomba que iba a publicar Law. Uno podría suponer que él la podría haber informado de sus planes de retirarse como estilista de famosos, pero al parecer no lo hizo.

Tras el impactante anuncio, Zendaya llamó a Law incrédula. «Me dijo: "Amiga, creía que tomaríamos grandes decisiones juntas"», explicó Law en el podcast de la modelo Emily Ratajkowski, *High Low with EmRata*, poco después de haber anunciado su retiro. Además, dijo que la actriz había añadido:

«"¿Necesitas vacaciones? Quiero decir, explícame qué te pasa"». Law contó que le había explicado lo infeliz que era, que hacía tiempo que se sentía mal y que aún sufría por la muerte de su sobrino, que había fallecido en circunstancias trágicas con solo tres años en noviembre de 2021. En ese momento, Law había publicado —aunque después lo eliminó— que era lo más duro que había tenido que afrontar. Mientras Law se abría de par en par, Zendaya lo escuchó con amor y empatía y al final le dijo: «Lo que más necesites, claro». Sin embargo, Law no estaba dispuesto a abandonar a su «hermanita» aunque ahora ya era una mujer adulta. ¿Acaso no habían hecho la promesa solemne, cuando había empezado su relación en 2011, de hacer todo lo que pudieran para ayudarse mutuamente? De sí mismos decían «Grandes ideas, pequeños detalles». Law era la persona de grandes ideas que vivía en un mundo de fantasía y buscaba las vestimentas más espléndidas e inusuales para que Zendaya las luciera en la alfombra roja y dejara a todo el mundo sin habla. Luego, Law creaba la narrativa tras el conjunto y le decía cuál era la historia y le revelaba la identidad de la diosa en la que ella se convertía. Y Zendaya encarnaba el personaje.

Habían sido un equipo durante mucho tiempo: el ingenio de Law había sido clave en la transformación de la actriz, de una niña linda pero común de Disney a la súper estrella en la que se había convertido en el 2023. ¿Cómo se las arreglaría si Law ya no la acompañaba en esos momentos cruciales y, aún más, durante las fases tan pensadas que precedían un conjunto? Pero parece que Law nunca pretendió no hacerlo. Al cabo de menos de un mes, el 1 de abril, Law acompañaba a Zendaya en la alfombra roja de la inauguración del

Centro Cultural Nita Mukesh Ambani en Mumbai, India. Y encima, vistieron a conjunto. Zendaya pisó la alfombra roja con un conjunto que emulaba un sari de color negro azulado con adornos brillantes y una cola. Debajo, llevó un top dorado con lentejuelas en forma de hoja. Por su parte, Law llevó un conjunto de dos piezas con falda hasta el suelo, de color negro y unos bordados florales espectaculares. Ambos eran obra del diseñador indio Rahul Mishra, cuyos diseños de exquisita factura ya se había puesto Zendaya en un lanzamiento de Bvlgari en 2022. Cuando la actriz regresó a Los Ángeles, compartió una publicación en su perfil de Instagram en la que resumió su experiencia en Mumbai: «Pasé una noche extraordinaria celebrando el NMACC India. Gracias, Mumbai, por brindarme la más cálida de las bienvenidas. Y a ti, Rahul Mishra, por tus preciosas creaciones, ha sido un honor que Law Roach y yo pudiéramos volver a vestir tus diseños».

Posiblemente, debido a la presencia de Law en Mumbai, ella y Tom, que también estaba en la gala, prefirieron que no se les fotografiara juntos como pareja. Se especuló en las redes sociales que la falta de contacto suponía que había problemas en el paraíso, pero enseguida fueron acallados cuando los fotografiaron de la mano en el aeropuerto a su regreso.

Antes del viaje a la India, Tomdaya se habían saltado la gala de los Oscar en marzo para poder pasar un poco de tiempo con la familia Holland en Reino Unido, donde la pareja fue fotografiada realizando actividades muy cotidianas, como pasear a los perros con el señor y la señora Holland o yendo a comprar al supermercado. Zendaya, informal y sin maquillaje, demostró su fama de tener los pies en la tierra haciéndose a un lado cuando un grupo de fans de Spider-Man pidió a Tom una fotografía delante de una tienda. No tuvo ninguna rabieta de diva del estilo «Oye, ¿y yo qué?». De hecho, sostuvo la chamarra de su novio mientras se tomaba la foto. Al cabo de unos días, mientras le hacían la manicura en un salón de belleza local, su manicurista se fijó en que llevaba un anillo con las iniciales de Tom. La profesional tomó una fotografía de las uñas de Zendaya y la publicó en Instagram, lo que provocó otro revuelo en las redes sociales. Los actores también compartieron tiempo en pareja en el histórico palacio de Hampton Court —el favorito del rey Enrique VII—, donde disfrutaron de una visita turística después de las horas habituales con la historiadora y escritora Tracy Borman. «Viví momentos muy especiales en el palacio de Hampton Court», tuiteó Borman tras la visita, «pero este es uno de los mejores: explorar Hampton Court a solas con @TomHolland1996 y @Zendaya». Borman compartió una foto de sí misma con la pareja y otra imagen romántica en la que aparecían las siluetas de Tom y Zendaya de lado en un tejado con las cabezas inclinadas el uno hacia la otra.

A medida que avanza 2023, como es previsible, Zendaya tiene la agenda llena. Entre lo más destacable se cuenta recibir el premio Espíritu de la Industria de la OTAN y el premio Comedy Ensemble en Las Vegas a finales de abril, el estreno del drama deportivo romántico *Desafiantes* en septiembre. También se está desarrollando una cuarta película de Spider-Man en la que actúan Tom y Zendaya. «Lo único que diré es que tenemos la historia», reveló el presidente de Marvel, Kevin Feige, en una entrevista con *Entertainment Weekly* en febrero de 2023. «Tenemos grandes ideas y nuestros guionistas justo las están plasmando en papel». También habrá una tercera temporada de *Euphoria*, pero es probable que se empiece a rodar a partir de la segunda mitad de 2023, lo que, siendo realistas, implica que la nueva temporada no se estrenará hasta mediados de 2024. Cuando sea que comience el rodaje, Zendaya esta temporada se asegurará de ponerse finalmente detrás de la cámara para hacer realidad su sueño de dirigir un episodio, y tal vez más de uno. Ha estado aprendiendo del director de fotografía de *Euphoria*, Marcell Rév.

«Cualquiera que haya visto su trabajo puede atestiguar que es un maestro de su arte», apuntó a la revista *Interview*. «Cuando estoy en el set de rodaje, le pregunto los nombres de las distintas luces y qué hacen y por qué las necesitamos y trato de adivinar qué me va a decir antes de que lo diga. Siempre me pone nerviosa intentar cosas nuevas, porque quiero que me salgan perfectas».

Pensar en dirigir es emocionante, la inspira y la estimula. Es la razón por la que pasa tanto tiempo en el set de rodaje, incluso cuando se ruedan escenas en las que ella no participa. Esta experiencia está siendo un gran aprendizaje. Absorbe la información como una esponja. Igual que Marcell, habla constantemente con los otros miembros del equipo, quiere saber qué hacen y por qué y les pide que le expliquen términos técnicos y procedimientos. Su objetivo es un día ser capaz de hacer lo que quiere ver: las escenas, las películas, las series.

Al principio de trabajar en *Euphoria*, Sam Levinson, el creador de la serie, ya predijo que Zendaya dirigiría y, sin duda, pasará. No solo en *Euphoria*, sino también en otros proyectos y producciones en el futuro. «Cuando la ves actuar y hablas con ella sobre el rodaje, te das cuenta enseguida de que es alguien con un talento que no tiene tope», explicó Levinson sobre Zendaya. «Termina un día que fue muy intenso a nivel emocional, en el que trabajó de maravilla y luego solo le queda relajarse hablando con el electricista sobre las luces o lo que sea. La veo y pienso: "Ay, solo pasará un año o dos y ya estará dirigiendo". Es tan meticulosa y detallista. Es inspiradora, como narradora y como alguien que es capaz de hacer ir la serie hacia donde quiere llevarla. Me emociona».

El papel de Zendaya como Rue le ha permitido batir récords y hacer historia como actriz. Es la mujer más joven en haber ganado un Emmy a mejor actriz en una serie dramática en 2020, y la única mujer negra —y la más joven— que ha ganado dos Emmy en la misma categoría en 2022. Pero de acuerdo con Puck News, el 2023 también fue un año de batir récords para ella gracias a *Euphoria*. Páginas web del mundo del espectáculo afirman que negoció un nuevo acuerdo con HBO que la convertirá en una de las actrices mejor pagadas de series de televisión en Hollywood, y tal vez la más joven en conseguirlo. Se cree que tanto como protagonista como coproductora va a ganar cerca de un millón de dólares por episodio. De ser cierto, se unirá a las filas de otros profesionales que han ganado un millón por episodio. Entre estos se cuentan los protagonistas de *Friends* en la temporada final, los protagonistas de *Juego de Tronos*, Nicole Kidman y Reese Witherspoon en *Big Little Lies* y Elisabeth Moss en *Las luminosas* de Apple TV. El hecho de llegar a la cifra del millón de dólares convierte a Zendaya en la actriz negra mejor pagada de la historia de la televisión.

Ahora que nos acercamos a la mitad de la década de 2020, hay mucho que Zendaya aún quiere hacer en su ya estelar carrera. «Además de ser directora, me gustaría crear mis propias cosas», explicó a la revista *InStyle*. «Me encantaría hacer películas que den espacio a artistas jóvenes y prometedores, escritores y cineastas, porque sobre todo con el talento negro, no es que haya falta de talento, es que faltan oportunidades. Me gustaría brindar esas oportunidades: hacer colaborar a cineastas prometedores con distintos guionistas y mentorías, ponerlos en contacto con los actores que les gustaría ver en sus películas y crear esas relaciones tan especiales. Y asegurarme de que se les paga y se les cuida».

Una historia concreta que le gustaría explicar es una sobre dos chicas negras que se enamoran. Se lo explicó a Colman Domingo, amigo y compañero de reparto en *Euphoria*, en una conversación con la revista *Interview* donde dijo que quería que el guion se desarrollara como una narrativa bonita y sencilla sobre dos personas que se enamoran. Algo que dejara una sensación de felicidad a los espectadores y la voluntad de quererse a sí mismos. Añadió que aunque ella era una romántica, nunca había visto una historia similar que no se enfocara más que en la parte traumática de la vida. Era importante abordar eso, cierto, pero a Zendaya también le encantaba la idea de una historia de adolescentes que se hacen adultas en la que ocurrieran cosas incómodas y divertidas, como en la vida real, en la que los jóvenes tratan de entender las complejidades de las relaciones humanas y descubrir quiénes son.

«Nuestra existencia es amplia, expansiva y preciosa, y ver toda la gama de colores emocionales de lo que implica ser una chica negra», explicó a Colman. «Me gustaría ver esa historia, porque creo que no la he visto».

Zendaya quiere hacer un arte que refleje la vida.

«Con un poco de suerte y mi habilidad como narradora, de crear esas historias que yo no vi, que muestren distintas formas de amor en la comunidad negra y los distintos colores de nuestra experiencia emocional... Esa sería mi forma de expresión», explicó a la revista *Interview* en 2021.

Ansía poder contar historias y experiencias vitales que aún no se han visto ni se han adaptado al mundo cinematográfico. Siempre ha tenido la sensación de que aprendemos a ser seres humanos no solo a través de las interacciones con los demás, sino también a través del cine y la televisión. Identificarnos con los personajes y ver otras versiones de nosotros mismos, o más bien de las personas que nos gustaría ser, en la gran pantalla. Zendaya conoce bien la sensación de querer ser tu personaje televisivo favorito (Hannah Montana, en su caso). Muchas personas, ha dicho la actriz, han construido sus facetas basándose en lo que han visto en la tele y el cine.

Además, se cree que Zendaya tiene otro gran proyecto como actriz a la vista. De acuerdo con varias fuentes, está negociando para encarnar a la difunta Ronnie Spector, la cantante solista de las Ronettes en una película biográfica. La empresa de producción ya tiene los derechos de la vida de Ronnie para la película, así como los de su autobiografía, *Be My Baby*. Se cree que se plantean a la dramaturga Jackie Sibblies Drury, ganadora de un premio Pulitzer, para que escriba el guion. La película autobiográfica se centrará en cómo se formaron las Ronettes y cómo acabaron firmando con Philles Records, la discográfica dirigida por Phil Spector, quien, por supuesto, se convertiría en el marido de Ronnie. El grupo grabó su éxito «Be My Baby» con dicha discográfica. Según *Variety*, la película también incluirá el amargo divorcio de los Spector en 1974 y la batalla de Ronnie para recuperar los derechos de su música. Y aunque hay varias actrices que saben cantar y bailar y que sin duda podrían encarnar a Ronnie satisfactoriamente, Zendaya pertenece a un grupo propio cuando hablamos de triples amenazas. Y el extra, difícil de superar, que la convierte en la elegida es que, según *Variety*, la mismísima Ronnie Spector eligió a Zendaya para que la interpretara antes de fallecer en enero de 2022. Según Deadline, es una situación parecida a cuando Aretha Franklin escogió a Jennifer Hudson para encarnarla en la película biográfica *Respect* antes de que la reina del soul falleciera en 2018. Antes de la muerte de Ronnie, se cree que ella misma iba a producir la película junto con su mánager, Jonathan Greenfield, Marc Platt de *La Sirenita* y *Dear Evan Hansen,* y… Zendaya.

Tras la muerte de Ronnie, Zendaya escribió un mensaje conmovedor que rememoraba la vida de Spector y su amistad con la cantante: «Esta noticia me rompe el corazón. Hablar de ella como si ya no estuviera se me antoja extraño porque es una persona llena de vida. No hubo vez que no la viera con sus icónicos labios rojos y el pelo cardado, una estrella de la música de pies a cabeza. Ronnie, poder conocerte ha sido uno de los grandes honores que he tenido en la vida. Gracias por compartir tu vida conmigo, me pasaría horas y horas escuchando tus historias. Gracias por tu inmenso talento, tu amor inquebrantable por cantar, tu fuerza, tu resiliencia y tu elegancia. No hay nada que pueda atenuar la luz que proyectas». Y continuó: «Te admiro muchísimo y agradezco la relación que tuvimos. Eres una fuerza poderosa de grandeza y el mundo de la música nunca volverá a ser el mismo. Ojalá todo el mundo pudiera conocerte como yo lo hice. Celebramos tu preciosa vida y te ofrecemos todas las flores que te mereces. Descansa en gran poder, Ronnie. Espero que estés orgullosa de mí».

Cuándo —y, por supuesto, si— se va a hacer la película, aún no se sabe, pero los fans tanto de Ronnie como de Zendaya lo esperan con mucha expectación. Debería ser el colmo de las películas biográficas, con un desfile interminable de Zendaya vestida al estilo de los años sesenta y setenta y en la que la actriz volvería a demostrar su prodigioso talento coreográfico por primera vez desde *Shake It Up*, mientras canta los grandes éxitos clásicos de las Ronettes y usa su habilidad interpretativa perfeccionada ahora gracias a *Euphoria*. Seguro que sería digno de un Oscar.

Si echamos un vistazo a la larga trayectoria de Zendaya, empezando por el principio, uno creería que planeó y organizó su carrera desde sus inicios. Y si bien es cierto que siempre ha sido ambiciosa, determinada, decidida y supo lo que quería, siempre ha defendido que nunca ha tenido ningún plan y que si de golpe dejara de disfrutar con lo que hace no dudaría en dejarlo y hacer otra cosa.

«No tengo un plan, necesariamente. Nunca he pensado: "Tengo que haber hecho esto cuando tenga tantos años y esto otro cuando tal"», explicó a la revista *Interview*. «Quiero hacer aquello que me haga feliz y me aporte alegría y me llene como artista, como persona. De modo que intento mantener todos los frentes abiertos porque si un día escojo otro camino profesional, me lo permitiré».

Lejos del mundo de la moda y la industria cinematográfica y del tema de la carrera, ¿qué le depara el futuro a Zendaya? Con su saber mundano, su empatía, su inteligencia innata y su afilado sentido de la justicia, ¿a alguien le sorprendería que se convirtiera en la primera presidenta de Estados Unidos? Su popularidad no conoce límites, su perfil de Instagram revela que tiene 182 millones de seguidores —¡alucinante!— y la cifra no para de aumentar. También habrá que ver su futuro personal, ¿qué pasará con Tom? En 2021, este dio una entrevista con la revista *People*, en la que admitió que creía que en un futuro no muy lejano crearía una familia.

«Quiero tomarme un respiro y centrarme en crear una familia y descubrir lo que quiero hacer fuera de este mundillo», apuntó. «Me encantan los niños. Me muero de ganas de ser papá. Puedo esperar y lo haré, pero me muero de ganas. Si voy a una boda o a una fiesta, siempre acabo en la mesa de los niños. Mi padre ha sido un gran ejemplo a seguir para mí. Creo que me lo ha transmitido él, eso».

¿Podría Zendaya ser la madre de esos futuros niños que su novio tiene tantas ganas de traer al mundo? Los millones y millones de fans y seguidores de Tomdaya lo esperan, eso seguro. La casa acabada de remodelar que Tom tiene en el suroeste de Londres, donde nació, parece lo bastante grande como para dar cabida a una familia, pero ¿estaría Zendaya dispuesta a mudarse a Reino Unido para formar una familia? Es más, aunque la actriz ha reconocido querer ser madre algún día, que está enamorada de la niña que interpreta a Rue de pequeña y adora a sus sobrinos, ¿está preparada para sentar cabeza con Tom y ser madre? Habrá que verlo.

A Zendaya le espera un gran futuro, pero ¿quién sabe lo que este le deparará? ¿Continuará con su brillante carrera, tal vez será aún más estelar de lo que ha conseguido hasta la fecha? ¿Hará realidad su objetivo de dirigir un largometraje? ¿Seguirá siendo la voz de su generación, inspirando a otros a cumplir sus sueños? ¿A ser un ejemplo a seguir muy reverenciado? ¿A alzar la voz en nombre de las personas de color? ¿Tendrá un matrimonio feliz? ¿Una prole de adorables miniTomdayas? Los mantendremos informados…

Si hay alguien que puede hacerlo, ¡sin duda es Zendaya Maree Stoermer Coleman!

CRÉDITOS DE LAS FOTOGRAFÍAS

Página 1: Henri Szwarc / ABACAPRESS.com / Alamy (arriba); Mediapunch / Shutterstock (abajo)

Página 2: Billy Farrell / BFA / Shutterstock (arriba); Bill McCay / WireImage / Getty Images (abajo)

Página 3: Dan MacMedan / WireImage / Getty Images

Página 4: David Fisher / Shutterstock (arriba); Odette Martin / Shutterstock (abajo)

Página 5: David Fisher / Shutterstock

Página 6: HBO / Kobal / Shutterstock (arriba); Vicky Flores / EPA-EFE / Shutterstock (abajo)

Página 7: David Fisher / Shutterstock (arriba); Lumeimages / Shutterstock (abajo)

Página 8: Chelsea Lauren / Shutterstock (arriba); Laurent Zabulon / ABACAPRESS.com / Alamy (abajo)

ÍNDICE ALFABÉTICO

Zendaya: Biografía no autorizada de Alison James
se terminó de imprimir en el mes de mayo de 2024
en los talleres de
Grafimex Impresores S.A. de C.V.
Av. de las Torres No. 256 Valle de San Lorenzo
Iztapalapa, C.P. 09970, CDMX,